DE L'ORIGINE DU MAL,

OU

EXAMEN

Des principales Difficultés de BAYLE,
sur cette Matiere, &c...

DÉDIÉ

A MONSEIGNEUR

LE DAUPHIN

Par M. le Vicomte D'ALÈS. *de Corbet*

TOME PREMIER.

A PARIS,

Chez DUCHESNE, Libraire, ruë Saint Jacques,
au-dessous de la Fontaine Saint Benoît,
au Temple du Goût.

M D C C L V I I I.

Avec Approbation & Privilége du Roi.

Si quis alius est locus in rebus
Humanis, scrutatu difficilis naturâ,
Inter hos meritò numerari potest
Malorum imago. *Orig. Cont. Cels. lib.* 4.

EPITRE

DÉDICATOIRE

A MONSEIGNEUR

LE DAUPHIN.

Monseigneur,

Attaché de bonne heure au Service militaire, je dirigeois toutes mes vûes du côté des objets qui pouvoient m'y faire acquérir quelques talens.

Céfar, Polibe, Santacrux & le Marquis de Feuquieres étoient mes Maîtres ; & me-délaſſoient des leçons de Mathématiques, que je prenois avec ſoin. Dès - lors je connoiſſois aſſez la Religion pour lui vouer un attachement inviolable, mais elle me dictoit elle-même l'ordre des devoirs que j'avois à remplir, & ne me permettoit pas de conſacrer à ſon étude un tems que je devois à celle de ma profeſſion. La Providence m'ayant, par pluſieurs maladies mortelles, mis hors d'état de la ſuivre plus de dix ans, m'a ramené vers ce grand objet auquel une forte inclination me faiſoit tendre.

J'ai vu, MONSEIGNEUR, avec autant de ſurpriſe que d'indignation, qu'on osât méconnoître, qu'on ſe fît gloire d'attaquer une Religion qui, à tous les caractéres de Divinité, joint ceux qui ſont les plus propres à faire le bonheur des hommes, & à affermir les Empires.

Vous l'aimez, MONSEIGNEUR, *& vous la faites aimer. Les vertus & les lumieres d'un si grand Prince en seroient une apologie suffisante, si elle en avoit besoin. Cet amour même excuse la liberté que je prends de vous offrir un essai si peu digne d'elle & de vous. Mais,* MONSEIGNEUR, *le coup d'œil favorable que vous voudrez bien y jetter, fera plus d'impression que toutes les raisons qui y sont employées, & est capable de me donner la force & l'énergie convenables pour traiter dignement de si grandes matieres..*

Je sens qu'elles me manqueront toujours, MONSEIGNEUR, *pour peindre les qualités de votre esprit & de votre cœur, qui vous attachent par tant de liens ceux qui ont le bonheur de vous approcher. Mais si quelques-uns d'eux m'en entretiennent, ils ne me laissent pas ignorer que cette peinture, fût-elle bien faite, ne pourroit vous plaire.*

Je m'en tiens donc à l'admiration qu'ils m'inspirent, à les féliciter de leur bonheur, & aux vœux que je ne cesse de former pour le renouvellement de la Religion, le bien général de l'Etat, la conservation du Roi, & celle de votre auguste Personne ; je ne crois pas pouvoir ajouter à la sincérité, ni à l'ardeur de ces vœux. Je suis avec respect,

MONSEIGNEUR,

Votre très-humble &
très-obéissant serviteur
D'Alés de Corbet.

TABLE
DES MATIERES
Contenues dans ce Volume.

Tome I. a

Fin de la Table du premier Volume.

ment traiter l'Expofant, Nous lui avons permis
& permettons par ces Préfentes de faire imprimer
lefdits Ouvrages autant de fois que bon lui fem-
blera : & de les vendre , faire vendre & débiter
par tout notre Royaume pendant le temps de dix
années confécutives à compter du jour de la datte
des Préfentes ; faifons défenfes à tous Imprimeurs
Libraires & autres perfonnes de quelque qualité
& condition qu'elles foient d'en introduire d'impreffion étrangere dans aucnn lieu de notre obéiffance, comme auffi d'imprimer ou faire imprimer , de faire vendre , débiter ni contrefaire
lefdits Ouvrages , ni d'en faire aucuns extraits
fous quelque prétexte que ce puiffe être, fans la
permiffion expreffe & par écrit dudit Expofant
ou de ceux qui auront droit de lui , à peine de
confifcation des exemplaires contrefaits, de trois
mille livres d'amende contre chacun des contre-
venans, dont un tiers à Nous, un tiers à l'Hôtel-
Dieu de Paris & l'autre tiers audit Expofant ou
de celui qui aura droit de lui , & de tous dépens,
dommages & intérêts ; à la charge que ces Préfentes feront enregiftrées tout au long fur le re-
giftre de la Communauté des Imprimeurs & Libraires de Paris dans trois mois de la datte d'i-
celles , que l'impreffion defdits Ouvrages fera
faite dans notre Royaume & non ailleurs en bon
papier & beaux caracteres, conformément à la
feuille imprimée attachée pour modele fous le
contrefcel des Préfentes , que l'Impétrant fe con-
formera en tout aux réglemens de la Librairie ,
& notamment à celui du 10 Avril 1725 ; qu'a-
vant de les expofer en vente , les Manufcrits qui
auront fervi de copie à l'impreffion defdits Ouvrages feront remis dans le même état où l'Approbation y aura été donnée ès mains de notre

très-cher & féal Chevalier Chancelier de France
le fieur de Lamoignon , & qu'il en fera enfuite
remis deux exemplaires de chacun dans notre
Bibliotheque publique , un daus celle de notre
château du Louvre , & un dans celle de notre
très-cher & féal Chevalier Chancelier de France
le fieur de Lamoignon : le tout à peine de nullité
des Préfentes ; du contenu defquelles vous man-
dons & enjoignons de faire jouir ledit Expofant
& fes ayans caufes pleinement & paifiblement ,
fans fouffrir qu'il leur foit fait aucun trouble ou
empêchement ; voulons que la copie des Préfentes qui fera imprimée tout au long au com-
mencement ou à la fin defdits Ouvrages , foit
tenue pour dûement fignifiée , & qu'aux copies
collationnées par l'un de nos Amés & Féaux
Confeillers Secrétaires , foi foit ajoutée comme
à l'original : commandons au premier notre
Huiflier ou Sergent fur ce requis de faire pour
l'exécution d'icelles tous actes requis & néceffaires fans demander autre permiffion , & nonobf-
tant clameur de Haro , Charte Normande &
Lettres à ce contraires. Car tel eft notre plaifir.
Donné à Verfailles le trentieme jour du mois de
Novembre l'an de Grace mil fept cent cinquan-
te-fept , & de notre regne le quarante-troifieme.

PAR LE ROI EN SON CONSEIL.

LE BEGUE,

Régiſtré ſur le Régiſtre 14ᵉ de la Chambre Royalle des Libraires & Imprimeurs de Paris, Numéro 265. Folio 241. Conformement aux anciens Réglements, confirmés par celui du 28ᵉ. Fevrier 1723. A Paris, le 6ᵉ Décembre 1757.

P. G. LE MERCIER, Sindic.

DISCOURS

DISCOURS

PRÉLIMINAIRE.

C ETTE queſtion, l'une des plus dificiles qu'on puiſſe éxaminer, a été de nos jours rendue célébre, par les efforts qu'a faits *Bayle*, non pour la réſoudre, mais pour la rendre inſoluble. Il a ſoutenu d'abord qu'elle l'étoit, il a voulu le prouver. Il a ramaſſé toutes les difﬁcultés anciennes & nouvelles des Hérétiques, des Payens & des Incrédules ; & il a défié tous les Phiſloſophes Chrétiens d'y répondre. Pluſieurs ſont entrés en lice, & ont remporté ſur lui des avantages dont il n'a pas eu la bonne foi de convenir. Il s'eſt replié ſur lui-même, a donné un nouveau jour à ſes objections, a changé quelques-uns de ſes principes, en feignant de n'en changer que les termes, s'eſt ſervi de propoſitions complexes, mêlées de vrai & de faux, d'évidence & d'obſcurité , n'a pas eu honte de ſe contredire lui même pluſieurs fois ; enfin , nouveau Prothée , il n'a rien oublié pour ſe dérober à tous les efforts qu'on faiſoit pour le ſaiſir. D'un autre côté les adverſaires ou moins aguerris que lui à toutes les ruſes & ſubtilités de la diſpute , ou de trop bonne foi pour le ſoupçonner d'en manquer , ont donné dans quelques-uns des piéges qu'il leur tendoit ; en ſe livrant trop à l'eſprit de ſiſtême , & à des opinions ſingulieres , ils lui ont donné priſe ſur eux. Dès qu'il les voyoit découverts par quelques endroits , ſes coups étoient auſſi prompts qu'aſſu-rés ; & il ne manquoit pas de s'accorder lui-même les honneurs du triomphe , ſe vantant d'autant de victoires remportées ſur la vérité , qu'il avoit de petits avanta-ges de détail ſur ceux qui la défendoient.

Tous les Philoſophes avoient les yeux fixés ſur ces combats , mais comme il s'y mêla du perſonnel , qu'on agita des queſ-tions étrangeres au principal ſujet , qu'on n'eut pas ſoin de rentrer toujours avec préciſion dans l'éxamen des problêmes propoſés , que les ſuccès étant partagés , & que les avantages en variant ſe com-

penſoient en quelque ſorte , on ne pouvoit aſſeoir de jugement fixe , ni adjuger
le prix de la victoire.

Depuis même que la guerre eſt finie
par la mort de tous les combattans , on
n'eſt pas encore tombé d'accord du parti
qui le mérite. Les Impies n'héſitent pas à
l'adjuger à *Bayle* , tandis que ceux qui
ſont attachés à la Religion regardent preſque comme un blaſphême de dire qu'il
ait pû même ſoutenir le combat avec
quelque ſorte d'égalité. Les uns & les
autres de ces juges ſont recuſables , s'ils
n'ont d'autre motif de leurs jugemens que
leurs ſentimens différens.

Que ceux de *Bayle* & de ſes adverſaires
ayent été bons ou mauvais , ce n'eſt pas
ce dont il s'agit pour juger comment ils
les ont ſoutenus. Une choſe favorable aux
Impies , c'eſt que les Apologiſtes de la
Religion combattoient ſéparément, ſe ſer-
voient d'armes différentes , & donnoient
en différens tems , & en différens lieux
des ouvrages qui n'ont fait ni pu faire
corps ; au lieu que les objections de *Bayle* , ſes réponſes & ſes éclairciſſemens ſe
trouvent réunis dans ſon Dictionnaire ;
ouvrage qui pique la curioſité par mille

endroits, & plus répandu qu'aucun autre dans tout le monde poli. Chacun peut donc toujours le trouver réuni avec toutes ses forces, & avec les honneurs des triomphes qu'il se décernoit, au lieu qu'il est difficile de ramasser tout ce qui a été écrit contre lui, pénible de l'étudier & très-embarrassant de le combiner, pour en rénuir les forces diverses.

J'ai cru utile, & même agréable pour plusieurs de reprendre ce grand procès, de faire l'analyse des principales pieces & de toutes les raisons qui ont été allé-guées de part & d'autre. Je voudrois avoir tous les talens nécessaires pour le faire avec l'ordre, la clarté, la précision, & même l'agrément qu'on pourroit défi-rer. Du moins j'ose assurer que je le ferai avec toute sorte de sincérité. Je ne dissi-mulerai aucunes des difficultés proposées par *Bayle* ; je les exposerai, je les pousse-rai aussi loin que lui, quelquefois plus ; j'en userai de même pour les réponses qui lui ont été faites, & je tâcherai de sup-pléer à celles qui me paroissent manquer. Je ne promets pas la même exactitude, ni le même détail, pour les disputes person-nelles qui se mêleront avec la principale,

& qui ne ferviroient maintenant comme alors, qu'à détourner l'attention, & à faire perdre de vûe le véritable objet. Mon projet eft moins de mettre à portée de décider entre *Bayle*, le *Clerc* ou *Jaquelot*, que de rapporter le fond même du procès, & de l'inftruire de façon que tous les Lecteurs attentifs puiffent prononcer entre la Providence de Dieu & ceux qui la blafphêment.

Il eft probable que dès qu'il y a eu des hommes ils n'ont pas été plutôt frappés de l'ordre qui regne dans l'Univers, que bleffés des défordres apparens ou véritables qui y font mêlés. L'ordre emporte néceffairement au premier coup d'œil l'idée d'un Auteur puiffant, intelligent, bienfaifant; & à mefure qu'il eft plus approfondi, celle d'un Etre fouverainement puiffant, fouverainement intelligent, fouverainement bon & infini. Mais les défordres attaquent toutes ces idées, & les attaquent auffi plus ou moins, à mefure que plus inftruits & plus méditatifs, les hommes croyent en connoître mieux toute l'étendue & toutes les conféquences.

Dans l'enfance du Monde, les hommes encore groffiers, prefqu'uniquement dominés par les sens, n'ont guères été frappés que des désordres phisiques & de la douleur ; ils ont été ébranlés par ces difficultés dont on ne peut cependant rien conclure, ou très-peu de chose. Mais de l'ordre phisique, quand ils en sont venus à l'ordre moral, ç'a été été toute autre chose.

La Loi naturelle leur donnant à tous une notion du juste & de l'injuste, ils ont remarqué avec surprise, que la terre étoit le séjour de tous les vices, & un théâtre des plus grands crimes ; mais comme leur conscience les leur reprochoit, & que le sens intime leur donnoit la conviction la plus entiere qu'ils n'étoient vicieux que parce qu'ils le vouloient, & que les crimes se commettoient librement, ils n'ont pas pensé d'abord à en rejetter le tort sur la Providence ; ce n'est qu'en raisonnant davantage qu'on s'est trouvé conduit à ces conséquences terribles contre elle , & si favorables au libertinage. Mais cela n'empêche pas qu'en comparant le peu de vertu qu'il y a dans le Monde avec l'abondance des vices , sentant naturellement la préférence que méritoit la vertu, ils ne fuffent révoltés de voir que le bonheur n'étoit pas toujours fa récompenfe ; que les plus criminels le partageoient au moins également ; bien plus, que la vertu étoit fouvent malheureufe, & que le crime l'emportoit d'autant plus fouvent contre elle, que moins délicat fur les moyens, il fçavoit fe procurer à fes dépens les biens qui lui faifoient envie, par la rufe & la fraude quand il ne pouvoit employer la force & la violence.

C'eft pour réfoudre cette difficulté qui eft déjà férieufe, que tous les hommes raifonnables s'attacherent au dogme d'une autre vie qu'une tradition générale, mais qui s'obfcurciffoit, leur avoit tranfmis. On fuppofa donc après la mort un jugement éxact par lequel chacun feroit traité felon fes œuvres ; & ce dogme, joint à celui de l'immortalité de l'ame, fit difparoître l'injuftice qu'on fuppofoit de la part de Dieu dans la diftribution des biens & des maux. On fentit que les hommes les plus vertueux avoient toujours quelque tache qui n'étoit pas trop févérement punie par les miferes attachées à une vie fi courte, outre qu'elles leur fervoient encore à éxercer & fortifier leur vertu, &

que la diſtribution qui en étoit faite avoit
de plus cet avantage , qu'elle montroit le
peu de cas qu'il en falloit faire , & que le
vrai bonheur devoit ſe chercher ailleurs.

Ces dogmes juſtifioient donc pleinement la Providence à cet égard , mais ils
incommodoient trop les hommes vicieux
pour qu'ils ne cherchaſſent pas à les éluder. Sans nier la diſtinction du juſte , &
de l'injuſte trop profondément gravée
dans les cœurs pour être effacée ſi facile-
ment , ni même la liberté dont chacun ſe
rend témoignage à toutes les heures du
jour , on remarqua qu'avec la raiſon , les
charmes de la vertu , & l'intérêt même
des ſociétés & de chacun de leurs mem-
bres à la faire regner , il n'y auroit pas
tant de vicieux , ſi les hommes ne naiſ-
ſoient pas avec des penchants contraires ,
avec des inclinations très-violentes aux
vices. On obſerva que les paſſions gou-
vernoient preſque tous les hommes , que
les Loix mêmes n'étoient qu'une foible
barriere qui n'arrêtoit pas toujours , &
que leur établiſſement fondé ſur le beſoin
étoit une preuve de la corruption naturelle des hommes. Or , demande-t-on , ſi
les hommes ſortent ainſi des mains de leur

Créateur, en font-ils refponfables? Pourquoi leur a-t-il donné ces penchants, s'ils
font mauvais? Ou pourquoi les punit-il,
fi en les fuivant ils ne font que fe laiffer
aller à la voix de la Nature?

> Sans doute, la Nature eft imparfaite en foi
> Qui nous donne un penchant que condamne la Loi,
> Ou la Loi doit paffer pour une Loi trop dure,
> Qui condamne un penchant que donne la Nature.

On n'en demeura pas là : les uns en vin-
rent jufqu'à nier toute liberté de choix,
& ne manquerent pas de raifons pour fe
perfuader une doctrine fi contraire à leur
confcience.

Les autres plus fubtils encore prétendirent prouver par la dépendance des
caufes fecondes de la premiere caufe
dont elles tiroient & leurs forces & l'ufage
de ces forces, & par la providence même
qu'on fuppofoit, & par la préfcience
qu'on ne pouvoit refufer à l'Etre infini,
qu'il étoit caufe immédiate de toutes les
modifications des autres Etres, & par
conféquent non-feulement des idées &
des perceptions, mais de tous les actes
de la volonté & de toutes fes déterminations. Les plus modérés s'en tenant à la
néceffité d'un concours de fa part, on

conclut toujours de ces diverſes opinïons
que s'il y avoit du mal moral dans le Monde, l'Auteur de la Nature en étoit la premiere, la principale, & peut-être l'unique
cauſe phiſique. De-là les objeċtions contre ſa ſainteté, ſa bonté, ſa juſtice; de-là
les fauſſes idées qu'on ſe forma de la Divinité, & ces concluſions également monſtrueuſes, ou qu'un tel Etre n'exiſtoit
point, ou que ſoumis lui-même aux loix
de je ne ſçais quel Deſtin, je ne ſçais quelle
Fatalité, il en ſuivoit en tout les décrets
néceſſaires, ou que les diſtinċtions pré-
tendues du bon & du mauvais étoient
chimériques. Mais c'étoit choquer les notions les plus ſimples & les plus naturelles : on crut mieux faire en inventant les
deux principes, l'un bon & l'autre mauvais, éternels, intelligens, puiſſans, différens ſeulement par leurs inclinations. Ce
ſiſtême abſurde trouva des partiſans. Des
Philoſophes Payens l'enſeignerent, formerent des Ecoles, & eurent bien des
Seċtateurs. Il s'eſt renouvellé pluſieurs
fois dans le Chriſtianiſme; & de ſiécle en
ſiécle on l'a vu reparoître ſous différentes
formes.

    Il eſt pourtant vrai qu'il a été aſſez méprifé dès le tems des Manichéens , & que ce n'eft qu'en le déguifant qu'on a ofé le faire reparoître depuis. Mais fi de nos jours fur-tout, & depuis que *Defcartes* nous a apporté l'efprit de méthode qui fembloit perdu depuis *Ariftote* , perfonne ne peut plus admettre , je ne dis pas toutes les extravagances que débitoient ces Hérétiques , mais même l'effentiel de leur dogme , la réexiftence des deux premiers principes éternels & néceffaires , & cette néceffité d'être, jointe à la néceffité d'imperfection pour le mauvais principe , les objections qui avoient introduit ce dogme n'en ont pas eu moins de force ; & comme nous l'avons dit , on a même profité de cet efprit philofophique pour leur en donner une , dont les premiers inventeurs du fiftême ne s'étoient point avifés , & dont ils ne fe doutoient pas.

Sans infifter fur la néceffité de faire Dieu caufe immédiate phifique du péché, on a foutenu qu'il en étoit du moins la caufe morale ; qu'il étoit celle des mauvaifes inclinations ; qu'il étoit du moins celle du libre arbitre, qu'il en avoit prévu le mauvais ufage, qu'il n'avoit donc pu , ou qu'il n'avoit pas voulu l'empêcher ; qu'il valoit fans comparaifon mieux ne point faire aux hommes un préfent fi funefte ; qu'il valoit mieux ne point créer le Monde, que de le créer tel ; qu'en tout cas, l'utilité & la fageffe de la création fupofées ; l'Etre tout-puiffant & fouverainement intelligent, avoit vu une infinité de plans différens qu'il pouvoit éxécuter, dans lefquels tous ces défordres n'auroient pas eu lieu ; que même dans le fiftême préfent de fuppofer qu'il voulût abfolument donner la liberté aux hommes, & ne la gêner jamais, il avoit des réferves fans nombre pour l'incliner au bien comme au mal fans la détruire, fans lui donner la moindre atteinte ; qu'il eft donc inconcevable qu'il ait juftement choifi le feul fiftême où le mal moral fût poffible, qui eft celui de la liberté, & encore qu'il n'ait pas daigné en corriger, ou plutôt en prévenir les défauts par une providence qu'il prodigue au gouvernement de toutes les caufes phifiques.

On a ajouté que s'il y avoit de la bizarrerie & quelque chofe de vicieux dans un tel choix, on pouvoit encore moins nier qu'il n'y eût de l'injuftice, ou du moins de la malignité & de la cruauté d'avoir tiré tant d'êtres du néant avec la connoissance parfaite qu'ils seroient éternellement malheureux ; & cela quand on pouvoit leur épargner ce malheur , en ne les créant pas , en ne leur donnant pas la liberté , ou en leur donnant un penchant naturel à la vertu , & des lumieres toujours sûres , en disposant les circonstances de façon que les tentations n'eussent pas lieu , & que toutes portassent au bien, enfin en prenant soin de conduire doucement & sans qu'il s'en apperçût le libre arbitre pendant le court espace de tems que nous en disposons.

Telles sont les objections de *Bayle* : on sçait de reste qu'elles vont encore plus directement que celles des Payens & des Manichéens , à la destruction de toute idée de Dieu , ou à confondre absolument celles du juste & de l'injuste. Aussi ceux qui les ont adoptées se partagent-ils , & sont-ils ou Epicuriens , ou Athées , ou Fatalistes , ou Spinosistes , ou du moins Sceptiques. Pour mettre quelque ordre dans l'éxamen que je me propose de ces difficultés , je suivrai à peu près celui que j'ai indiqué des progrès qu'elles ont faits. J'examinerai donc d'abord les désordres

phifiques qu'on remarque dans la Nature , & la diftribution préfente des biens
& des maux , eu égard aux hommes vertueux , & aux vicieux. Je paſſerai de-là
à la douleur, aux chagrins , aux miſeres
de cette vie , & à la mort. Je verrai ſi les
inductions qu'on tire des paſſions ſont
concluantes. Je traiterai la queſtion , ſi
Dieu peut être regardé comme cauſe phiſique immédiate du péché. Enfin j'en vien-
drai aux dernieres objections ci-deſſus ex-
poſées : les premieres attaquent la ſageſſe
de Dieu ; les ſecondes , ſa juſtice & ſa
bonté ; les troiſiémes & quatriémes ſa ſainteté ; les dernieres , tous ſes attributs, &
principalement ſa bonté & ſa juſtice.

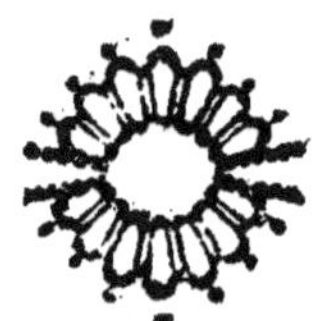

DE L'ORIGINE
DU MAL.

ARTICLE PREMIER.

Des Désordres phisiques.

I les Cieux & l'Univers entiers racontent la gloire de Dieu, comme dit le Roi Prophéte, il faut fermer les yeux du corps & de l'esprit pour n'être pas frappé du bel ordre qui y regne, & ne pas reconnoître à la grandeur, à la beauté, à l'immenfe détail du deffein, la profonde fageffe, & la fouveraine intelligence qui l'a conçu, comme la toute-puiffance de celui qui l'a exécuté, & qui entretient tous les refforts de cette vafte & fuperbe machine. Il faut cependant convenir qu'il y

a bien des chofes dont nous ne voyons pas le rapport avec ce deffein général, qui paroiffent hors d'œuvre, n'avoir aucun but, aucune diftinction utile, peu afforties à la beauté du plan, capables même d'en déranger l'économie, & contraires aux loix que nous regardons comme fondamentales du fiftême du Monde, capables de l'avoir formé, comme feules capables de l'entretenir. Ces défordres apparens ont été remarqués dans tous les tems, & développés avec une étude finguliere par plufieurs Philofophes, furtout de la fecte d'*Epicure*. *Lucrece* en particulier, avec l'imagination la plus vive, & l'efprit le plus hardi, a attaqué de front la Providence, & lui a fait en vers très-forts les objections les plus foibles, fur la conftruction du Monde & fon gouvernement, dont il avoit moins de connoiffance que le plus mauvais Phificien, & dont il vouloit prefcrire les régles, tandis qu'il ignoroit les premieres & les plus fimples loix du mouvement.

Epicure & *Lucrece* prétendirent donc qu'une caufe néceffaire mais aveugle avoit préfidé à la formation de l'Univers ; que d'un mouvement néceffaire, & de cer-

taines qualités effentielles aux atômes,
réfultoit tout ce que nous voyons; que
l'ordre des chofes n'étoit pas tel que nous
l'imaginions, que le deffein n'en étoit
qu'apparent, & les défordres réels. Les
chofes, difoit *Lucrece*, ne font pas def-
tinées à tel ufage, mais nous en faifons
tel ufage, parce que nous les y trouvons
commodes; nos yeux ne font pas faits
pour voir, ni nos oreilles pour entendre,
mais nous nous en fervons, parce qu'ils
fe trouvent difpofés de façon à nous le
permettre.

Si tout étoit l'ouvrage d'une caufe intelligente & fage, y auroit-il des monftres, des infectes vivans, des reptiles
malfaifans, des bêtes féroces, tant d'animaux inconnus, inutiles, imperceptibles?
Les pluyes tomberoient-elles fur des endroits déferts, ou fur la furface des mers,
tandis que les moiffons languiroient dé-
vorées par l'ardeur du foleil? La foudre
dont on voudroit effrayer les méchans,
fe méprendroit-elle dans fa chute pour em-
brafer les temples, ou frapper la pointe
de quelque rocher? Que n'ajoutez-vous,
Lucrece, qu'il eft ridicule que le chêne
l'un des plus grands arbres fe couvre d'un

fruit si petit, tandis que la citrouille dont
la grosseur orneroit si bien sa tête superbe
ne tient qu'aux foibles rameaux d'une
plante rampante ? L'ordre général vous
frappe vous-même, puisque vous n'y
trouvez que de si petites exceptions, &
s'il ne vous frappoit pas, il faudroit renoncer à raisonner avec vous. Que diriez-
vous de quelqu'un qui prétendroit que
votre Poëme qui vous a coûté tant de
veilles, & de réflexions est l'ouvrage du
hasard ? Et si votre Poëme ne l'est pas,
le serez-vous, vous qui l'avez composé ?
Et votre Poëme, & vous, qu'êtes-vous
sur la terre ? Qu'est la terre elle-même
vis-à-vis du tourbillon dont le Soleil est
le centre ? Et qu'est ce tourbillon dans
l'Univers ? D'ailleurs le hasard, quel nom
prononcez-vous là ? En concevez-vous
clairement le sens ? Philosophe hardi qui
déclarez une guerre ouverte à tous les
préjugés, qui blasphémez la providence
de Dieu, quel nouveau Dieu nous pro-
duisez-vous ? Répondez-moi, est-il quelque chose, n'est-il rien ? S'il est quelque
chose, l'insecte qu'il produit a donc une
cause, & comme il est aussi parfaitement
organisé dans son espece, que vous dans

la vôtre, cette cauſe eſt certainement intelligente. Si votre Dieu n'eſt rien, quel
myſtére plus impénétrable que tous ceux
qui vous révoltent ! Le Néant auteur de
quelque choſe ; le Néant qui aſſujettit l'E-
tre, qui le remue, le modifie & l'orga-
niſe à ſon gré ! Quelles abſurdités !

Mais non, le haſard ne ſera, ſi vous
voulez, qu'une ſuite de mouvemens
néceſſaires des atômes ou de la matiere, que le réſultat de différentes combinaiſons ; mais ſelon vous, le ſiſtême même de l'Univers n'eſt pas autre choſe ;
l'homme eſt auſſi bien l'effet fortuit d'un
certain nombre de jets, que le ciron ou le
monſtre le plus difforme. Quelle différence y mettez-vous donc ? Il n'y a pas
plus de deſſein dans l'un que dans l'autre, & l'exécution eſt auſſi parfaite dans
tous les deux. Analiſez tant qu'il vous
plaira l'Univers & toutes ſes parties,
les Etres phiſiques & tous les phénoménes, vous ne trouverez toujours que de
la matiere & du mouvement, point d'autres cauſes, point d'autres effets ; or,
pourquoi approuvez-vous tel & tel arrangement, & critiquez vous tel autre ? Il
eſt ſurprenant que rejettant tout princi-

pe d'ordre moral & phifique, vous vous plaigniez du défordre. Vos plaintes mêmes dépofent contre vous : fi vous trouvez quelque chofe moins bien, vous trouvez donc quelque chofe de mieux ; fi vous avez l'idée d'un défordre, vous connoiffez donc l'ordre, vous fçavez donc ce que c'eft que deffein, plan, harmonie, vous ne pouvez donc méconnoître tout cela dans les parties de l'Univers qui échappent à votre cenfure ? Mais je vous demande encore : un mouvement du côté de l'Orient, vaut-il mieux que du côté de l'Occident, & la figure quarrée que la ronde ? La matiere fufceptible de toutes les formes, indifférente à tous les mouvemens, felon vos propres principes, & comme l'expérience vous en convaincra, vaut-elle effentiellement mieux fous cette combinaifon que fous telle autre? Et fi cela n'eft pas, que voulez-vous dire en préférant un cheval à un ferpent, & une falutaire rofée à une grêle violente qui ravage vos campagnes ? Pénétrez avec moi dans un bloc de marbre, il eft informe : vous l'avez comparé à cette belle ftatue chef-d'œuvre de l'antiquité. L'habile ouvrier qui l'a faite, y a fans doute mis du def-

fein & beaucoup de génie : je ne m'arrête
pas maintenant à vous dire qu'il y en a
bien plus dans la compofition du moindre
infecte ; mais je vous dis qu'il y en a plus
dans le bloc même que vous méprifez. En
effet, la ftatue même que vous admi-
rez, y eft comprife, & avec elle un million d'autres figures auffi parfaites. Le
Sculpteur n'a qu'à dégroffir, il n'a rien à
ajouter ; les parties qu'il faut ôter font
diftinctes de celles qu'il faut laiffer : avec
un microfcope qui vous feroit pénétrer
les furfaces folides , vous y appercevriez
ces ouvrages : l'intelligence y pénétre ,
& les voit , & à mefure que vous lui fup-
poferez plus d'étendue, elle y en verra davantage. Regardez la ftatue même dans
un autre point de vûe : que la matiere
fubtile ou aërienne qui l'environne fe fixe
& devienne immobile, la ftatue ne fera
plus qu'un corps avec elle ; ce ne fera
plus que le bloc que je mettois à côté
d'elle fous vos yeux. Il ne lui eft rien arrivé , il n'eft même rien arrivé à tout ce
qui l'environne : je ne vous ai demandé
que de le laiffer en l'état où il eft dans le
moment où je vous parle , de fixer la matiere qui l'environne , d'en arrêter le

mouvement qui par fa continuité fait
fortir la ftatue, la détache & opere toute
fa beauté. Que veux-je conclure de-là,
ce que j'ai déjà dit, ce que vous dites
vous-même ; que la matiere par fon étendue, fe prête à tous les mouvemens, à
toutes les modifications, qu'elle ne vaut
ni plus ni moins fuivant qu'on varie tout
cela à fon égard ; que l'ordre ou le défordre qu'on croit y appercevoir, dépend du
point de vûe, & eft toujours relatif aux
intelligences qui l'obfervent, & fur-tout
à l'intelligence qui fçait en affortir les modifications aux ufages auxquels elle les
deftine. Otez le deffein, rien n'eft mal,
rien n'eft bien ; où il n'y a point de deffein, il n'y a ni ordre ni défordre.

Mais fi le mouvement, & tel mouvement eft effentiel à vos atômes, fi
tout ce qui eft, & qui fera eft l'effet infaillible de la combinaifon de ces mou-
mens, comment penfez-vous trouver du
défordre quelque part. L'effence des chofes ne peut changer, elle eft abfolue &
parfaite dans fon efpece, les monftres ont
donc la même caufe que les chefs-d'œuvres de la Nature, ou plutôt ils font eux-
mêmes des chefs-d'œuvres qu'elle ne pou-

voit ni se passer de former, ni former autrement. Si la moindre des choses que vous voudriez ôter , n'existoit pas; si les phénoménes qui vous blessent étoient seulement retardés , l'harmonie du Monde en seroit ébranlée , tout rentreroit dans le cahos ; ces mouvemens des atômes qui ont produit cette grêle sont aussi nécessaires que ceux qui dirigent le Soleil dans sa course uniforme , & qui réglent les saisons. Tout cela même , selon vous, se tient & par les loix de la nécessité qui leur sont communes , & par l'harmonie qui regne nécessairement dans la variété ; car s'ils étoient tous discordants , loin de former un Monde & de l'entretenir, ils le détruiroient dans ses fondemens , & en dissiperoient toutes les parties, dans les espaces immenses du vuide que vous admettez. Le hasard donc ou la nécessité, soit néant, soit causes réelles & phisiques , ont mis autant de dessein dans les loix du mouvement nécessaires pour former , je ne dis pas le Monde , mais quelqu'être que ce soit qu'eût pû faire une cause intelligente. Il y a donc du dessein , me direz-vous, de quelque part qu'il vienne; il est vrai qu'aucun arrangement de la matiere ne peut être regardé comme plus ou moins bon en lui-même , mais relativement au deſſein c'eſt autre choſe , ſi tout ne s'y rapporte pas , n'eſt-ce pas un déſordre phiſique ? Vous avez raiſon : mais ce deſſein le connoiſſez-vous ? La grandeur du plan ne fatigue-t-elle pas , n'épuiſe-t-elle pas , ne ſurpaſſe-t-elle pas la ſagacité de votre vûe ? Vous ne regardez qu'un coin d'un grand & magnifique tableau , & vous voulez prononcer ſur toute ſon ordonnance ! La roue que vous ôteriez d'une machine pour la rendre plus dégagée pourroit en affoiblir ou même en détruire tout le mouvement. Vous n'êtes pas dans le point d'optique néceſſaire pour juger d'une perſpective , & vous décidez qu'elle eſt imparfaite ! Placé dans un coin du Monde , habitant d'un grain de ſable dont vous ne connoiſſez pas la ſurface , vous voulez juger de toutes les parties qui compoſent l'Univers ; de leurs rapports mutuels , de leur perfection , de leur utilité ! Vous vous faites le centre de tout ! Et quand vous le ſeriez , la moindre circonférence ſuffiroit pour borner votre vûe ; mais votre orgueil ſeul vous donne cette place.

» Cenſeur de l'Univers , croyez-vous donc

» donc qu'il ſoit fait pour vous ; qu'il
» n'ait que vous pour objet ? Apprenez,
» vil Mortel, à réprimer cet orgueil qui
» vous enfle. Qu'eſt-ce que notre tour-
» billon dans l'Univers ? Qu'eſt-ce que la
» terre dans notre tourbillon ? Et qu'eſt-
» ce que l'homme en comparaiſon de la
» terre ? Un grand nombre d'êtres ſont
» créés pour notre uſage ; mais pluſieurs
» le ſont pour d'autres que pour nous, &
» tous enſemble dépendent de Dieu. «

L'ordre eſt prouvé, il ſaute aux yeux,
il annonce une intelligence admirable. Il
y a des choſes qui ne vous paroiſſent pas
ſe rapporter à cet ordre, qui ſemblent le
bleſſer, qu'en concluez-vous ? Qu'elles
s'y ſont gliſſées par haſard ? Mais le haſard
n'eſt rien. Quelles ſont une ſuite des loix
mêmes qui ont produit cet ordre, mais
que ces loix euſſent été plus parfaites, ſi
ces choſes n'en avoient pas ſuivi ? Croyez-
vous donc que celui qui les y a rapportées
n'a pas vu auſſi bien que vous ce qui pouvoit défigurer ſon ouvrage, ou que s'é-
tant fait obéir par la matiere, & toutes
ſes parties, par l'être & par le néant même, il n'ait pû éxécuter ſans défaut un
plan tel qu'il l'avoit conçu ?

Tome I.   B

Ne voyez-vous pas que si les loix qu'il a faites produisoient des effets contraires à ses desseins, elles en dérangeroient l'économie depuis si long-tems. Mais ces loix sont générales, leur simplicité prouve & la sagesse & la puissance de celui qui les a portées. Tous leurs effets ont été prévus, & seroient assez justifiés, quand ils n'auroient d'autre mérite que de tenir à tant d'autres, dont la beauté nous est évidente ; mais quelle témérité de vouloir prononcer sur leur inutilité particuliere, seulement parce que nous n'en voyons pas la liaison !

» Vous m'objectez que la pluye tombe
» sur la mer ou sur des solitudes, au lieu
» d'arroser des campagnes consumées par
» la sécheresse ; mais ces plaintes sont-el-
» les fondées ? Ce sont-là de ces effets
» particuliers des loix générales établies
» pour le gouvernement de l'Univers.
» Quelque chose que vous prétendiez en
» conclure, vous ne pourrez disconve-
» nir que les chaleurs ne rendent la terre
» féconde, que les pluyes ne fassent mû-
» rir les grains dont elle est couverte,
» que ces grains ne soient propres à la
» nourriture de ses habitans. Croirai-je

» que l'Univers fût forti plus parfait des
» mains d'un Mortel qui ne peut rien ,
» que de celles du Tout-puiffant ? Foible
» raifon, que ton aveuglement eft orgueil-
» leux ! Si votre ame rompant les liens
» qui l'attachent au corps pouvoit con-
» templer l'Univers dans les idées du
» Créateur, quelle jufteffe, quelle per-
» fection n'appercevriez-vous pas dans
» un ouvrage que vous condamnez au-
» jourd'hui, parce que vous le connoif-
» fez mal ! «

 » N'avez-vous jamais vu des figures
» bizarres & fans deffein repréfentées fur
» un carton ? Le hafard paroît les avoir
» tracées ; nul ordre entr'elles , nul rap-
» port entre leurs parties ; ce font pour-
» tant des arcs qui fe croifent ; on n'ap-
» perçoit ni fuite ni liaifon. Placez au cen-
» tre de ce cahos un miroir cylindrique ;
» vous le voyez avec furprife raffembler
» ces lignes que l'art a femées confufé-
» ment , & former un tout régulier , &
» des traits groffiers entremêlés avec un
» défordre apparent fe changer en objets
» agréables. «

 Ecoutons un autre Poëte ni moins
grand ni moins bon Philofophe. C'eft
Pope.   B ij

Répondez, la Nature agit-elle pour nous ?
Oui sans doute, & toujours la cause universelle
A ses premieres loix attentive & fidele,
De l'ordre général maintenant le lien,
Permit un mal léger pour produire un grand
  bien.
Si des exceptions rares & passageres
Dérangent de son cours les régles ordinaires,
Ce désordre apparent l'entretient en effet.

J'ai peut-être été plus loin qu'il n'étoit nécessaire sur cette premiere objection qui n'a au fond rien de solide, mais ce ne sont pas toujours les difficultés les plus raisonnables qui font le plus d'impression ; les hommes se conduisent par les sens, & ce qui les frappe est toujours dangereux.

Bayle étoit trop Philosophe pour s'y arrêter. » Quand les Manichéens, dit-il, » nous opposent que puisqu'il y a dans le » Monde des choses contraires, le froid » & le chaud, le blanc & le noir, la lu- » miere & les ténébres, il y a nécessaire- » ment deux principes, ils font pitié. «

» L'opposition qui se trouve entre ces » êtres, fortifiée tant qu'on voudra, par

» ce qu'on appelle variations, défordres,
» irrégularités de la Nature , ne fçauroit
» faire la moitié d'une objection contre
» l'unité , la fimplicité & l'immutabilité
» de Dieu ; on donne raifon de toutes ces
» chofes , ou par les diverfes facultés que
» Dieu a données aux corps , ou par les
» loix du mouvement qu'il a établies , ou
» par le concours des caufes occafionnel-
» les , intelligentes , fur lefquelles il lui a
» plu de fe régler. On peut fauver la fimpli-
» cité & l'immutabilité des voyes de Dieu
» par le feul établiffement des caufes oc-
» cafionnelles , pourvu qu'on n'ait à expli-
» quer que les phénoménes corporels , &
» qu'on ne touche point à l'homme. Les
» Cieux & tout le refte de l'Univers prê-
» chent la gloire , la puiffance & l'unité
» de Dieu ; l'homme feul , ce chef-d'œu-
» vre de fon Créateur , contre les chofes
» vifibles , fournit de très-grandes objec-
» tions. «

ARTICLE II.

De la distribution des biens & des maux présens, sans égard à la vertu ni au vice.

S'Il y avoit une Providence, disent encore *Epicure* & *Lucrece*, sans doute elle seroit sage & juste ; vous déshonorez la Divinité, si vous ne lui accordez le gouvernement du Monde que pour nous donner occasion à chaque minute de sentir les défauts de ce gouvernement. Vous admettez des vertus & des vices, dont la distinction est essentielle ; l'idée d'une Providence juste & sage emporte nécessairement un soin particulier des hommes vertueux, une attention singuliere à les rendre heureux autant que leur nature le peut permettre, à proportion de leurs vertus. La même idée demande que les hommes vicieux soient punis & malheureux, à proportion de leurs déreglemens.

Or, quelle bizarrerie dans la distribution des biens & des maux présens ! Quelle vérité dans l'emblême de la fortune,

Déeffe aveugle que le mouvement perpétuel d'une roue emporte, ou plutôt qui fe
joue de nous, en nous faifant tourner nous-
mêmes autour de fa roue ! Que fi vous
prétendez que le hafard ne préfide pas
tout-à-fait à cette diftribution, vous parlez contre vous-même ; car s'il y a des
heureux, ce font le plus fouvent ceux qui
le méritent le moins, & les gens de bien
pauvres, infirmes, négligés, gémiffent
malheureux à côté, & quelquefois fous
la puiffance d'un fcelerat qui triomphe de
fes crimes. Que pouvez-vous répondre à
cela ? Deux chofes également folides &
évidentes.

Vous vous méprenez, *Epicure*, fur la
nature du vrai bonheur ; vous le faites
confifter dans les biens extérieurs & dans
les plaifirs corporels, rabaiffant ainfi
l'homme au rang des plus groffiers animaux, tandis que vous nous promettiez
de l'élever au-deffus de tous les préjugés,
& de toute idée de dépendance de la Divinité même. La paix de l'ame, cette dou-
ce fatisfaction que lui donne le témoignage qu'elle fe rend d'aimer l'ordre, & de
chercher en tout à le procurer & à s'y
conformer, fon amour pour l'Auteur

bienfaifant de fon exiftence & le modé-
rateur de fes defirs, fon humanité tendre
pour fes femblables , fon amour réglé
pour elle-même ; voilà ce qui peut faire
des principes de bonheur en cette vie, &
les difpofitions contraires y font incompa-
tibles. L'erreur de votre principe eft donc
la caufe générale de tous les faux jugemens que vous faites en cette matiere.
Ce *Plutus*, ce voluptueux, ce tyran dont
le bonheur apparent vous féduit ne font
rien moins qu'heureux : craignant de perdre ce qu'ils ont, défirant tout ce qu'ils
n'ont pas, agités de toutes leurs paffions
qui n'ont point de frein, dévorés d'inquiétudes, rongés de remords, ils traînent
une vie véritablement miférable , tandis
que l'homme de bien fe couvrant de fa
vertu , qu'épurent encore les adverfités ;
reconnoît la main d'un pere dans celle de
Dieu qui le frappe , & attend fans impa-
tience comme fans crainte & fans inquiétude la fin d'une vie dont il fait un bon
ufage. Voilà de grands mots , dit l'Epi-
curien ; mais ne font-ils point vuides de
fens ? Ne faudroit-il pas les laiffer débiter
avec emphafe à *Zenon*, *Seneque* & *Epic-
tete* ? Croit-on que le commun des hom-

mes se prête à se contenter d'une pareille doctrine, d'une viande aussi creuse ? Lui persuadera-t-on que l'homme vertueux qui souffre, jouit actuellement de momens bien délicieux ?

> Je ris de ce fier Stoïque,
> Qui dans les tourmens se pique
> D'avoir un visage égal ;
> Et, tandis qu'il en soupire,
> A l'audace de nous dire
> Que la douleur n'est point un mal.

Je ne dis pas cela, la douleur est certainement un mal, & je ne nie pas que le plaisir ne soit un bien, c'est-à-dire, que la douleur nuit certainement au bonheur, & le plaisir y contribue.

Mais je dis que le plaisir n'est pas propre exclusivement aux vicieux, ni la douleur aux gens de bien ; je dis que ceux-ci trouvent dans leur vertu des assaisonnemens piquants pour le plaisir qu'ils goûtent, & des adoucissemens très-réels aux maux qu'ils souffrent. Je dis que toutes les dispositions différentes des autres doivent produire des effets tout opposés ; je dis que pour les uns & pour les autres la vie eſt mêlée de biens & de maux , mais que la façon dont ils s'y prêtent ne ſe reſſemble point. Je dis enfin que , toute compenſation faite , les uns ſont ſans comparaiſon plus heureux que les autres. J'en pourrois atteſter un millier de témoins irrécuſables qui , après s'être livrés au torrent de toutes leurs paſſions , dégoûtés de tous les faux biens , blaſés ſur-tout , ſont rentrés de bonne foi dans les voyes de la vertu , & ſe ſont écriés avec Salomon , que tout eſt vanité & peine d'eſprit , *Præter amare Deum , & illi ſoli ſervire.* N'êtes-vous pas encore contens ? Trouvez-vous que la différence qui eſt entre les hommes vertueux & les vicieux , n'eſt ni aſſez marquée ni aſſez conſidérable ? Exigez-vous d'un Juge infiniment bon & infiniment juſte qu'il récompenſe plus libéralement ceux qui s'attachent à lui & lui ſacrifient tout , & qu'il puniſſe plus rigoureuſement ceux qui ne connoiſſent point l'ordre , qui ſe révoltent contre ſes loix ? Vous n'avez pas tort , mais par votre objection même vous me fourniſſez une preuve convaincante de la vérité de la Religion que vous attaquez ; oui , ce juſte Juge veille ſur les actions & ſur les plus fecrettes penfées des hommes ; rien ne lui en échappe, & il rendra à chacun une juftice éxacte, dans le tems qu'il a marqué pour cela.

La Religion Chrétienne enfeigne que cette vie n'eft que le préliminaire d'une autre qui ne finira point ; l'ame eft immortelle, & en fe dégageant des liens du corps qui la gênent, elle n'en fera que plus propre à reffentir les biens ou les maux que fon auteur jugera à propos de lui faire éprouver.

La raifon nous faifoit deviner cette immortalité de l'ame, les peines & les récompenfes de l'autre vie, l'infatiabilité de nos defirs, nos efpérances & nos craintes qui s'étendent naturellement au-de-là des bornes de la vie, notre capacité d'aimer qui ne peut être remplie, la néceffité de faire triompher la vertu, & de con-fondre le vice ; tout nous annonçoit ces dogmes, que nous révele la Religion. La voilà donc parfaitement d'accord en ce point avec la raifon. Dieu eft patient, par-ce qu'il eft éternel & tout-puiffant. *De-là vient que les fcelerats ne font pas toujours frappés du foudre*, » & que les délais du » fupplice infpirent au crime une fécurité

» qui en comble la mesure. Ces fortunés
» coupables s'applaudissent de leurs for-
» faits, jouissent de la colere du Ciel,
» mais leur triomphe ne dure qu'un ins-
» tant. Dieu va les livrer à sa Justice, &
» le fil qui suspend sur leurs têtes un
» glaive vengeur est prêt à se rompre.
» (*C. Pol.*) Le tems est un cahos, mais
» l'ordre doit être rétabli dans l'éternité. «
(*Bougainville.*)

Peut-être insisterez-vous encore, &
direz-vous que si la Justice de Dieu est
sauvée par cette conduite, on ne voit cependant pas comment l'allier avec sa sagesse & avec son amour pour la sainteté.
Car enfin, direz vous, le bonheur présent
des méchans, & le malheur des bons,
font un scandale qui frappe plus que la justice étroite qui s'en rendra dans une autre
vie ; cette conduite favorise le crime,
multiplie ses partisans, & renverse les au-
tels que nous éleverions à la vertu, si
nous la voyions distinguée dans cette vie.

Cette difficulté n'est qu'apparente, &
ceux qui la proposent en trouveroient
aisément la solution dans leur propre
cœur. Après ce que nous venons de dire,
il est évident que tous les biens présens

ne peuvent conftituer ce bonheur : il eft
encore évident que ce court efpace de la
vie difparoît comparé à l'éternité. Vous
craignez donc que la profpérité des méchans ne faffe conclure pour le vice au
préjudice de la vertu ; mais vous ne pre-
nez pas garde qu'il n'y a que les hommes
corrompus , & qui fe refufent aux lumieres de leur raifon , qui puiffent en tirer
une conclufion fi fauffe. Vous ne penfez
pas qu'au contraire une conduite différente feroit bien plus propre à faire porter cet autre faux jugement, qui feroit encore plus dangereux : qu'il faut bien que
les foibles avantages de la vie préfente
foient d'un grand prix , puifque l'infaillible arbitre de la valeur des chofes prendroit un fi grand foin d'en priver les vicieux , & d'en récompenfer les gens de
bien. De-là l'eftime qu'en faifoient les
Juifs charnels & groffiers , malgré les lumieres de la révélation qui les rappel-
loient fans ceffe aux vrais biens dont les
préfens n'étoient que l'écorce & la figure.

Mais encore feroit-il raifonnable que
la caufe univerfelle & immuable, qui dans
fa fageffe a dicté les loix générales du gou-

vernement du Monde, & de l'arrangement de toutes chofes, courbât la régle à
chaque circonftance différente, & fît autant de nouveaux décrets qu'il y auroit
de déterminations des caufes fecondes libres, pour qu'elles fuffent plus ou moins
heureufes durant cet inftant qu'on nomme la vie, pendant qu'il réferve à chacun pour l'éternité une juftice exacte qu'il
rendra dès que cet inftant fera paffé ? Auffi
cette objection, quoique féduifante d'a-
bord, eft-elle de celles que *Bayle* n'a pas
daigné relever après *Epicure* & les Manichéens, fentant que le feul établiffement
des caufes occafionnelles peut encore ici
fauver la fimplicité, l'immutabilité, la
juftice & la fageffe des voyes de Dieu.
(*V. Pope. Ep.* 4. *p.* 58.)

ARTICLE III.

De la douleur, des chagrins, des miseres de la vie & de la mort.

» S I nous ne dépendons que d'une cau- B. Pauliciens.
» ſe toute-puiſſante, infiniment bon-
» ne, infiniment libre, & qui diſpoſe uni-
» verſellement de tous les êtres, ſelon
» ſon bon plaiſir ; nous ne devons ſentir
» aucun mal, tous nos biens doivent être
» purs, nous n'y devons jamais trouver
» le moindre dégoût. «
   » L'Auteur de notre être, s'il eſt infi-
» niment bienfaiſant, dóit ſe faire un plai-
» ſir continuel de nous rendre heureux,
» & de prévenir tout ce qui pourroit trou-
» bler ou diminuer notre joye. C'eſt un
» caractere eſſentiellement contenu dans
» l'idée de la ſouveraine bonté. Les fibres
» de notre cerveau ne peuvent pas être
» cauſe que Dieu affoibliſſe nos plaiſirs,
» car il eſt Auteur unique de la matiere.
» Il eſt tout-puiſſant, rien n'empêche
» qu'il n'agiſſe ſelon toute l'étendue de ſa
» bonté infinie : il n'a qu'à vouloir que

» nos plaifirs ne dépendent pas des fibres
» de notre cerveau ; ou s'il veut qu'ils en
» dépendent , il peut conferver éternel‑
» lement ces fibres dans le même état : il
» n'a qu'à vouloir, ou qu'elles ne fouffrent
» pas , ou que le dommage qu'elles fouf‑
» frent foit réparé promptement. «

Deus , inquit Epicurus , aut vult tollerē mala , & non pöteſt, aut poteſt & non vult ; aut neque vult , neque poteſt ; aut & vult , & poteſt. Si vult & non poteſt, imbecillis eſt , quod in Deum non cadit ; ſi poteſt & non vult , invidus , quod æquè alienum à Deo ; ſi neque vult neque poteſt , & invidus & imbecillis eſt , ideòque neque Deus. Si vult & poteſt, (quod folo Deo convenit,) undè ergo funt mala , aut cur illa non tollit ? Scio pterofque philofophorum qui providentiam defendunt , hoc argumento perturbari folere , & invitos penè adigi , ut Deum nihil curare fateantur , quod maximè quærit Epicurus . . . . . Sed nos ratione perſpeﬆà formidolofum hoc argumentum facilè diſſolvimus . . . .

Lactance qui met l'objection dans un fi grand jour que *Bayle* convient qu'*Epicure* n'eût pû mieux faire , y donne la folution fuivante.

Deus enim potest quicquid vult; & imbecil-
litas aut invidia in Deo nulla est : potest igitur
mala tollere , sed non vult , nec ideò tamen
invidus est. Idcircò enim non tollit , quia &
sapientiam (sicut docui ,) simul tribuit , &
plus boni , ac jucunditatis in sapientiâ ,
quàm in malis molestiæ. Sapientia enim fa-
cit ut etiam Deum cognoscamus , & per
eam cognitionem immortalitatem assequa-
mur ; quod est summum bonum. Itaque nisi
prius malum agnoverimus , nec bonum po-
terimus agnoscere. Sed hoc non vidit Epicu-
rus , nec alius quisquam , si tollantur mala ,
tolli pariter sapientiam ; nec ulla in homi-
ne virtutis remanere vestigia ; cujus ratio
in sustinendâ & superandâ malorum acerbi-
tate consistit. Itaque propter exiguum com-
pendium sublatorum malorum , maximo &
vero & proprio nobis bono careremus. Cons-
tat igitur omnia propter hominem proposita ,
tam mala quàm etiam bona.

La réponse de *Lactance* revient à ceci ;
que Dieu nous a rendus susceptibles des
maux phisiques ; mais qu'en même tems
il nous a donné la sagesse , & dans elle les
moyens d'en tirer infiniment plus d'avantages , qu'ils ne nous causent d'incommo-

dités ; que le bon ufage qu'elle nous fait faire de ces maux, c'eft le principal exercice de notre vertu ; qu'elle nous éleve même de la connoiffance du mal à celle du bien, & de celle du bien à celle du fouverain bien qui eft Dieu, dont elle nous fait par-là mériter de jouir ; de forte qu'en demandant le retranchement de cette petite maffe de maux que nous n'éprouvons qu'un moment, nous renonçons à l'ineftimable prix du bon ufage que nous en pourrions faire, par la fageffe que Dieu nous donne en même tems.

Bayle attaque cette réponfe dont il prétend que la doctrine eft monftrueufe par fon oppofition aux dogmes théologiques, & aux lumieres de la raifon.

Mais pour la rendre telle, il la défigure. Il fait dire à *Lactance* en général, ce qu'il n'applique qu'à notre état préfent ; & lui fait dire de toutes fortes de biens ce qu'il ne prononce que du fouverain bien.

» Bien loin, dit *Bayle*, que la vertu & » la fageffe ne puiffent convenir à l'hom- » me fans le mal phifique, il faut foutenir » au contraire, que l'homme n'a été fujet » à ce mal, que parce qu'il avoit renon- » cé à la vertu & à la fageffe ; & même il

» n'eſt pas néceſſaire que l'ame ait ſenti
» du mal, afin de goûter le bien. «

Mais *Lactance* n'a rien dit qui lui dût
attirer cette cenſure. Il nie ſi peu l'état
heureux dans lequel Adam a été créé,
& le bonheur ſans mélange dont il jouit
dans le Ciel, que le principal effet qu'il
veut que la ſageſſe produiſe, eſt de nous
rendre le droit à l'immortalité que nous
avions perdu en renonçant à la vertu &
à la ſageſſe ; renoncement qui nous a ex-
poſés à tous ces maux, dont la ſageſſe nous
apprend à tirer ce remede même. Et
quant au bien dont la ſageſſe nous donne
la connoiſſance par celle des maux que
nous ſouffrons, il parle du ſouverain
bien. *Sapientia enim facit ut etiam Deum
cognoſcamus..... quod eſt ſummum bonum.* Mais quand il parleroit du bien général, il ne diroit rien que ne ſoutiennent
beaucoup de Philoſophes, & ceux mêmes d'entre nos Modernes qui ont le plus
étudié ſa méthode, ceux de la hardieſſe
& du ſcepticiſme deſquels il ſeroit alter-
nativement plus content.

Ils enſeignent que nous n'avons de
connoiſſance du juſte, que par celle de
l'injuſte ; que l'horreur de l'un nous fait

réfléchir fur les avantages de l'autre ; &
que la douleur agiffant mille fois plus
vivement que le plaifir, les traces qu'elle
imprime bien plus profondes & plus vi-
ves, doivent précéder en ordre de tems,
les connoiffances réfléchies ; car le fentiment ne laifferoit pas de s'exercer fur le
plaifir, quand nous n'aurions jamais
éprouvé de douleur ; mais fi nous n'a-
vions ni fentiment, ni idée de la douleur, nous ne pourrions faire la comparaifon du bien & du mal, ni par conféquent avoir une connoiffance auffi exacte
du bien.

Mais, en dégageant la réponfe de *Lac-*
tance de ces pointilleries, elle a quelque
chofe d'affez frappant. Peut-être difons-
nous, pourroit-on fe plaindre de la douleur, fi elle n'étoit compenfée que par
les plaifirs de cette vie ; mais fi Dieu
nous l'envoye comme un moyen de fatis-
faire à fa juftice, d'épurer notre vertu,
& de parvenir à le connoître, l'aimer &
le poffeder éternellement par la grace de
la fageffe qu'il nous offre en même tems,
nos plaintes font bien injuftes.

Un autre avantage des miferes de cette
vie, c'eft de nous en détacher, de nous

élever vers le lieu de notre deſtination,
vers le centre de notre vrai & unique
bonheur.

» Que devez-vous en conclure ? Que
» vous n'êtes pas né pour cette vie. Ces
» maux qui rempliſſent le peu de jours
» que l'homme traîne en ſoupirant ſur la
» terre, le rappellent à ſon origine, & lui
» font ſentir que ce lieu dans lequel il ne
» fait que paſſer, eſt un lieu d'exil. Les
» biens qui l'environnent l'avertiſſent en
» même tems qu'il a un pere plein de
» bonté, ſeul immuable, ſeul éternel,
» pendant que tout le reſte change & s'é-
» vanouit. L'homme compoſé d'un corps
» périſſable, & d'une ame immortelle,
» apprend de ce mêlange de biens & de
» maux, qu'il ne doit ni s'attacher à ſon
» corps par un amour qui le dégrade, ni
» s'enfler de la nobleſſe de ſes fonctions
» ſpirituelles, en oubliant ſon Auteur. «
(*C. Pol.*)

Il y a plus, quand nous ne tirerions
pas des miſeres de la vie ces avantages
immenſes qu'il a plû à Dieu d'y attacher
par une miſéricorde toute gratuite, nous
n'aurions aucun ſujet de nous plaindre
de ſa bonté, & à plus forte raiſon de ſa

juſtice. Pour s'en convaincre, il ne faut que regarder autour de nous tous les êtres qui nous environnent, & ſur-tout les animaux ; tous ſont ſujets aux changemens, & aux variations attachés à la conſtitution de leur nature.

Si donc la nôtre n'exige ni l'éxemption de la douleur, ni l'immortalité, de quoi nous plaignons-nous ? Si même c'eſt une ſuite naturelle de notre conſtitution, & de l'union de l'ame & du corps, avons-nous droit d'exiger que le Créateur change en notre faveur les loix générales qu'il a portées avec une profonde ſageſſe ? Ces loix qui nous procurent les ſenſations agréables, doivent, pour être uniformes, produire auſſi celles qui ne le ſont pas. Elles ont la même fin, la même utilité dans l'intention générale de notre Auteur. Si l'appétit nous avertit des beſoins de notre corps, & le goût, des choſes propres à réparer ſes forces, la douleur nous avertit de même des ravages que produiroit le feu, ſi nous l'approchions de trop près, & le dégoût, de la mauvaiſe qualité ou de la trop grande quantité d'alimens qui nous ſeroient nuiſibles. Notre corps, cette belle machine compoſée de tant de refforts, avertit à tous momens l'ame des dérangemens que les objets extérieurs y peuvent caufer, ou qui fuivent de leur continuel mouvement. Nous luttons continuellement contre ces dérangemens ; mais nos efforts ne peuvent empêcher qu'ils ne s'ufent à la fin , & que la machine ne fe détruife. Dieu pouvoit fans doute la créer invariable & immortelle ; mais à quel titre prétendrions-nous qu'il le dut ?

C'eft un autre état que le nôtre que nous demandons ; il faut donc auffi un autre Monde ; fes loix font uniformes, & nous en admirons nous-mêmes la fage économie ; celles qui nous regardent, attirent feules nos murmures. Quelle injuftice, & quelle bizarrerie ! *Pope* les a bien peintes, & a réfuté avec autant de force que d'agrément les prétextes vagues de ces murmures......

Renverfe pour toi feul les loix de la Nature,
Fais divers changemens en chaque Créature;
Arbitre fouverain des biens & des plaifirs,
Réforme l'Univers au gré de tes defirs :
Ofe accufer du Ciel l'éternelle fageffe,
S'il n'épuife pour toi fes foins & fa tendreffe,

S'il ne joint aux faveurs que te fait sa bonté ,
L'irrévoquable sceau de l'Immortalité.
Sois le dieu de ton Dieu, ne suis que ton caprice;
Place-toi sur son thrône , & juge sa justice.
Aveugle en ses desirs, l'orgueil ambitieux
Veut sortir de sa sphere , & s'élever aux Cieux ,
L'orgueil de toute erreur fut la cause premiere.

Ce beau Poëme est semé de traits de lumiere capables de confondre l'orgueil des Murmurateurs , & de fermer la bouche des méprisables Sophistes , qui veulent prostituer la raison même à l'appui de leurs blasphêmes. On trouvera dans un ouvrage moderne (*la Théorie des sensations agréables*) aussi ingénieux que philosophique, des principes encore plus liés qui servent à justifier la Providence sur le point que nous traitons. Si dans l'un & dans l'autre auteur on croit appercevoir un sistême qui attaqueroit le dogme du péché originel, ou qui ne le supposeroit pas, ne peut-on pas dire qu'ils parlent simplement en Philosophes, & se chargent de l'apologie de la Providence par les seules lumieres de la raison , & de la Religion naturelle ; ou que si quelques expressions, ou quelque partie de leur sistême même

blessent

bleſſent effectivement notre foi ſur cet article, ils n'avoient point beſoin d'aller ſi loin pour remplir leur plan, & juſtifier les voyes de Dieu ? Mais ſi on peut penſer ainſi de ces deux Auteurs, il faut cependant convenir, que ſur les paſſions dont nous traiterons dans l'article ſuivant, ils ſe ſont éloignés des vrais principes ; car pour les maux phiſiques & la mort même, il eſt très-vrai que Dieu pouvoit nous y aſſujettir, quand le premier homme n'auroit pas péché, & que nous conſerverions tous l'état d'innocence ; c'eſt même l'ordre général qu'il a ſuivi dans la création des différens êtres qui compoſent l'Univers. S'il nous exceptoit, c'étoit par une pure grace qu'il ne nous devoit à aucun titre.

Pour que nous euſſions ſujet de nous plaindre, il faudroit que la ſomme des maux ſurpaſſât pour nous celle des biens, c'eſt-à-dire, qu'il valût mieux pour nous, être reſtés dans le Néant, que d'en avoir été tirés à de ſi dures conditions ; c'eſt ce que prouve très-bien M. *King*, Archevêque de Dublin, dans ſon Traité de l'Origine du Mal ; & il ne prouve pas moins ſolidement qu'il s'en faut bien que nous

Tome I. C

en foyons à ces termes. Citons à ce fujet un Auteur dont le témoignage ne fera pas fufpect aux admirateurs de *Bayle*, puifqu'il l'eft pour le moins autant qu'eux, & que plufieurs le font d'après lui. M. de *Voltaire*, dans fon Analife de la Philofophie de *Newton*, à l'article de Dieu, fe propofant cette objection : L'idée d'une matiere néceffaire me répugne moins que celle d'un Créateur qui traite fi mal fes Créatures : y répond en peu de mots, mais avec beaucoup de précifion & de lumiere : *Ces mots de bon, de bien être*, font équivoques. » Ce qui eft
» mauvais par rapport à vous, eft bon dans
» l'arrangement général. Nierez-vous
» un Dieu, parce que vous avez un accès
» de fiévre ? Il vous devoit le bien être,
» & pourquoi ? Quel traité aviez-vous
» fait avec lui pour cela ? Il ne vous man-
» que donc que d'être toujours heureux
» dans la vie, pour reconnoître un Dieu ?
» Vous, qui ne pouvez être parfait en
» rien, pourquoi prétendriez-vous être
» parfaitement heureux ?

» Il eft prouvé qu'il y a plus de bien
» que de mal dans le Monde, puifqu'en
» effet peu d'hommes fouhaitent la mort ;

» vous avez donc tort de porter des
» plaintes au nom du Genre humain , &
» plus grand tort de renier votre Souve-
» rain, parce que quelques uns de ſes Su-
» jets ſont quelquefois malheureux.

» Enfin , ſi vous pouvez être heureux
» pendant l'Eternité , quelques dou-
» leurs pendant cet inſtant paſſager qu'on
» nomme la vie , méritent-elles qu'on en
» parle ? « (Sur - tout , ſi ces inſtans de
douleur , ſont eux-mêmes les moyens
d'acquérir ce bonheur éternel. «)

» Vous ne trouvez pas que le Créateur
» ſoit bon , parce qu'il y a du mal ſur la
» terre ; mais la néceſſité qui tiendroit
» lieu d'un Etre ſuprême, ſeroit-elle quel-
» que choſe de meilleur ? Dans le ſiſtême
» qui admet un Dieu, on n'a que des dif-
» ficultés à ſurmonter, & dans tous les
» autres on a des abſurdités à dévorer. «

Il eſt donc faux que Dieu nous devoit
un bonheur ſans mélange en cette vie,
comme le prétend *Bayle*. Il eſt bienfaiſant
à notre égard , dès que l'être qu'il nous
donne , vaut mieux pour nous que le
Néant ; que les maux conformes à notre
nature , & à l'ordre général , ſont plus
que compenſés par les biens qu'il y a libé-

ralement attachés. Mais si sa justice étoit rigoureusement quitte envers nous à ces conditions, sa bonté éclate en nous donnant dans ces maux même légers & passagers, des moyens assurés de nous procurer un bonheur éternel, & au-dessus de notre nature. Sa justice, son amour de l'ordre, les loix générales, la simplicité de ses voyes, & sa bonté font donc ici parfaitement d'accord; & *Bayle* même ne pouvoit s'empêcher de sentir la foiblesse du raisonnement qu'il propose ici avec tant de confiance. S'il l'eût poussé, où ne l'eût-il pas conduit ? Posé son principe, que la bonté infinie renferme le caractere essentiel de faire à ses Créatures tout le bien dont elles sont capables ; pourquoi donc sont-elles limitées dans leurs perfections, & leur capacité de bonheur ? Le Néant ne lui résistoit pas, & l'Etre se refusa encore moins à l'être : il pouvoit & devoit par conséquent y ajouter des dégrés à l'infini, & ainsi il devoit tout à la fois rendre le fini infini, & épuiser sa toute - puissance. Double absurdité qui résulte nécessairement de son prétendu axiome.

A R T I C L E   I V.

Des penchans de l'Homme, ou des passions.

» L'HOMME est méchant & malheu- B. à l'Art.
» reux ; chacun le connoît par ce Manichéen.
» qui se passe au-dedans de lui , & par le
» commerce qu'il est obligé d'avoir avec
» son prochain. Les Voyages font des le-
» çons perpétuelles là-dessus. Ils font voir
» par-tout les monumens du malheur & de
» la méchanceté des hommes ; par-tout
» des prisons & des hôpitaux , par-tout
» des gibets & des mendians. «
    » Vous voyez ici les débris d'une Ville
» florissante , ailleurs vous ne pouvez pas
» même en trouver les ruines ...... L'His-
» toire n'est, à proprement parler, qu'un
» receuil des crimes & des infortunes du
» Genre humain...... «
    » Si l'homme est l'ouvrage d'un Prin-
» cipe souverainement bon , souveraine-
» ment saint , souverainement puissant ,
» peut-il être exposé aux maladies , au
» froid, au chaud, à la faim, à la soif, à
» la douleur , au chagrin ? «

C iij

» *Peut-il avoir tant de mauvaiſes incli-*
» *tions ?* Peut-il *commettre tant de crimes ?*
» La ſouveraine Sainteté peut-elle produi-
» re une créature criminelle ? La ſouverai-
» ne bonté peut-elle produire une créature
» malheureuſe ? La ſouveraine puiſſance
» jointe à une bonté infinie, ne comblera-
» t-elle pas de biens ſon ouvrage ; & n'é-
» loignera-t-elle point tout ce qui pour-
» roit l'offenſer ou le chagriner ? Bien
» plus : *Si l'homme étoit l'ouvrage d'un*
» *Principe infiniment bon & ſaint, il auroit*
» *été créé non-ſeulement ſans aucun mal ac-*
» *tuel, mais auſſi ſans aucune inclination*
» *au mal ; puiſque cette inclination eſt un*
» *défaut qui ne peut avoir pour cauſe un tel*
» *Principe.* «

Il eſt aiſé de voir que la partie de l'objection propoſée, qui regarde les maux
phiſiques, vient d'être réſolue, mais celle
qui reſte eſt encore plus ſpécieuſe ; car,
enfin ſi les hommes avoient une connoiſſance ſuffiſante du bien, & ſur-tout des
inclinations droites, commettroient-ils
tant de crimes ? Les paſſions ne les gou-
vernent-elles pas avec un empire abſolu ; & n'ont-elles pas toutes vendu leurs
voix à l'injuſtice ? La raiſon, ce cenſeur

incommode qui veut quelquefois les mo-
dérer, en a-t-elle la force, & ne préva-
rique-t-elle pas elle-même souvent en
cherchant à les justifier dans leurs excès?

L'esprit n'est-il pas ordinairement, comme dit si bien M. *de la Rochefoucault, la
dupe du cœur?* Et si le jugement se conserve
sain en certaines occasions, la volonté
qu'on lui dit assujettie, ne s'en moque-
t-elle pas? D'où ces vers d'un Poëte qui
connoissoit bien le cœur de l'homme, &
ses foiblesses.

*Video meliora, proboque,
Deteriora sequor.*

Expliquez-nous cet énigme : comment l'homme est-il sorti ainsi des mains
du Créateur, que vous supposez ennemi
du crime, ami de l'ordre, infiniment
saint? .....

Dieu, (ajoute *Bayle*,) devoit déter- B. Ibidem.
miner l'homme au bien moral, comme au
bien phisique ; il ne devoit lui laisser aucune force, pour se porter au péché,
comme il ne lui en a laissé aucune pour
se porter au malheur en tant que malheur ; un pere en useroit ainsi envers ses
enfans.

C iv

Ces dernieres paroles me fourniſſent la premiere réponſe. Ce que *Bayle* exige ici de Dieu, eſt préciſément ce qu'il a fait; nous ne nous portons pas plus au mal moral, en tant que mal moral, qu'au mal phiſique, en tant que mal phiſique. Nos penchants, nos paſſions, notre volonté, ne peuvent tendre vers un objet quel qu'il ſoit, que conſidéré comme bien : cette tendance eſt un amour, nous aimons néceſſairement le bien en général, & ne nous portons vers un objet particulier, né nous y arrêtons, que le regardant comme un bien, & comme notre bien ; nous avons auſſi bien l'amour naturel & eſſentiel de l'ordre, & du juſte en général, que du bien & du bonheur en général, & du vrai en général. De même donc que nous ne ſommes pas capables de croire quelque choſe, que nous regardons comme faux, ni de choiſir un mal phiſique quelconque, ſous ce reſpect de mal phiſique ; nous ne le ſommes pas non plus de nous déterminer au péché préciſément conſidéré comme tel. Pour déterminer notre jugement, il faut des preûves ; pour déterminer notre volonté, il faut des motifs. L'apparence du

vrai feul a pouvoir fur notre entendement, & celle du bien fur notre volonté. Ce font-là les notions les plus claires,
que tous les Sophifmes du monde ne vien-
dront pas à bout d'obfcurcir. Que veut
donc dire ce Cenfeur de la Providence ?
Exige-t-il d'elle que nous foyons tellement mus vers le bien moral, que nous
ne puiffions nous méprendre dans notre
choix, que nos lumieres foient infailli-
bles à cet égard, & nos déterminations
toujours les meilleures qu'il eft poffible ;
mais outre qu'il demande là une perfection qui ne nous eft point due, & que ne
comporte point notre nature, c'eft que
l'exemple qu'il allégue conclut contre
lui. Car enfin, quoique nous défirions
toujours le bien phifique en général,
notre propre bonheur ; ne nous trom-
pons nous pas fouvent, prefque toujours,
dans les objets où nous le cherchons ?

Ne trouvons-nous pas des peines, des
chagrins, des craintes, des inquiétudes,
des fenfations défagréables, de la douleur, & quelquefois la mort, dans les
chofes où nous croyons trouver des fenfations agréables, du plaifir, notre bonheur ? Il en eft précifément de même de

C v

l'autre ordre de bien ; nous ne nous dé- terminons jamais à faire une injuſtice , préciſément parce que c'eſt une injuſtice , mais pour quelque bien qui doit nous en revenir , ſous le reſpect de l'utilité. Bien plus, nous avons l'idée de l'ordre ſi pro- fondément gravée dans le cœur, que nous cherchons à nous cacher à nous-mêmes le vice de l'action que nous nous propoſons de faire comme utile ou agréable. Nous ne manquons guères de prétexte pour nous faire illuſion , & les peines que nous prenons pour courber la regle à ce qui nous fait envie, prouvent la connoiſſance de cette regle , & l'amour que nous lui portons ; d'où vient que le Sage dit : *Eſt via quæ videtur homini recta , noviſſima autem ejus deducunt ad mortem.* Si on dit que dans le cas de conflit entre l'honnête, l'utile & l'agréable , ceux-ci l'emportent ordinairement , je réponds qu'on ſort de la thèſe, puiſque, dès que cela n'eſt pas tou- jours , l'homme n'eſt donc pas mû plus néceſſairement au bien phiſique qu'au bien moral. Ainſi l'on voit , il eſt vrai, des ambitieux , des avares , des volup- tueux ſacrifier toute vertu à leurs paſ- ſions ; mais ne voit-on pas auſſi des Péni-

tens, des Martirs, des Philofophes même facrifier leurs plaifirs, & tous les objets des fens, & leur vie même, à la
vertu.

Le bien général vers lequel le Créateur nous imprime une tendance naturelle & néceffaire, eft le fouverain bien,
c'eft lui-même ; il eft à la fois le vrai bien
phifique, & notre vrai bonheur, le vrai
bien moral, l'archetipe, & le centre de
tout ordre, de toute vertu.

C'eft l'Etre parfait & infini, pour lequel
il nous donne un amour naturel relativement à notre portion d'être dont il eft le
feul vrai bien. Mais comme notre ame
très-fimple de fa nature, eft finie, &
qu'elle apperçoit dans elle-même, & dans
fon corps, & dans tout ce qui l'environne, des émanations de ce bien fouverain,
qui ne devroient être pour elle que des
moyens de remonter à leur fource com-
mune, & de s'y unir ; elle prend fouvent
le change, & contente de l'apparence du
bien qu'elle trouve, elle s'y arrête, fans
aller jufqu'au vrai bien, elle fait fa fin du
moyen, & c'eft la caufe de tous fes défordres.

Mais ce défordre, elle y tombe auffi

bien pour le bien phifique que pour le bien moral, & dès qu'on la fuppofe finie & libre, il eft néceffaire qu'elle y puiffe tomber ainfi. *Bayle* confond tout en exigeant une motion toujours infaillible & néceffaire vers le bien moral particulier, & en fuppofant, contre l'évidence, que nous fommes mus de cette forte vers le bien phifique à chaque circonftance.

Bayle m'a fourni la premiere réponfe à fa propre difficulté ; fes plus grands partifans m'en donnent une feconde qui n'eft pas moins forte contre lui.

Rien n'eft plus à la mode aujourd'hui que de fe déclarer apologifte des paffions, c'eft un titre de bel efprit, de Philofophe, d'efprit fort. On laiffe maintenant aux Théologiens, & aux Théologiens outrés, aux Rigoriftes, le foin de déclamer contre elles : on les laiffe fous les drapeaux de Pafchal prêcher leur trifte Morale, & annoncer autant de paradoxes que de maximes contre les paffions. Voyez *V*..... en mille endroits, l'Auteur de la théorie des fentimens agréables, *T*... *D*......., *&c.* Tous ces Ecrivains ne veulent pas par-là donner carriere à la licence, favorifer le libertinage, foumettre l'homme aux caprices des paffions ; mais combattant fous les étendarts de *Pope*, comme les autres fous ceux de *Pafchal*, ils veulent juftifier la Providence à cet égard. Ils foutiennent que les paffions font dans l'ordre, & qu'elles entrent dans la fage économie de notre conftitution, qu'elles nous font utiles & néceffaires, que l'office de la raifon eft de les conduire, non de les détruire, qu'elles ne nous portent point par elles-mêmes au mal, & que l'abus feul que nous en faifons librement eft vicieux ; c'eft un inftrument bon ou mauvais fuivant l'ufage que nous en faifons.

Les cinq premieres penfées philofophiques roulent fur ce fujet :

» On déclame fans fin contre les paf-
» fions ; on leur impute toutes les peines
» de l'homme, & l'on oublie qu'elles font
» auffi la fource de tous fes plaifirs. C'eft
» dans fa conftitution, un élément dont
» on ne peut dire ni trop de bien ni trop
» de mal. Mais ce qui nous donne de
» l'humeur, c'eft qu'on ne les regarde
» jamais que du mauvais côté. On croi-
» roit faire injure à la raifon, fi l'on di-
» foit un mot en faveur de fes rivales.
» Cependant il n'y a que les paffions, & les

1. Penfée philofophique.

» grandes paſſions, qui puiſſent élever l'a-
» me aux grandes choſes. Sans elles plus
» de ſublime, ſoit dans les mœurs, ſoit
» dans les ouvrages. *Les beaux Arts re-*
» *tournent en réforme, & la vertu devient*
» *monſtrueuſe.*

2. Penſée philoſophique.

» Les paſſions ſobres font les hommes
» communs. «

3. Penſée philoſophique.

» Les paſſions amorties dégradent les
» hommes extraordinaires. La contrainte
» anéantit la grandeur & l'énergie de la
» Nature. Voyez cet arbre, c'eſt aux
» liens de ſes branches que vous devez la
» fraicheur & l'étendue de ſes ombres;
» vous en jouirez juſqu'à ce que l'Hyver
» vienne le dépouiller de ſa chevelure.
» Plus d'excellence en Poëſie, en Pein-
» ture, en Muſique, lorſque la ſuperſti-
» tion aura fait ſur le tempérament l'ou-
» vrage de la Vieilleſſe. «

4. Penſée philoſophique.

» Ce ſeroit donc un bonheur, me dira-
» t-on, d'avoir les paſſions fortes. Oui,
» ſans doute, ſi toutes ſont à l'uniſſon.
» Etabliſſez entr'elles une juſte harmonie;
» & n'en appréhendez point de déſor-
» dres. Si l'eſpérance eſt balancée par la
» crainte, le point d'honneur par l'amour
» dela vie, le penchant au plaiſir par l'in-
» térêt de la ſanté, vous ne verrez ni li-

» bertins, ni téméraires, ni lâches. «

» C'eſt le comble de la folie que de ſe
» propoſer la ruine des paſſions. Le beau
» projet que celui d'un dévot qui ſe tour-
» mente comme un forcené, pour ne rien
» déſirer, ne rien aimer, ne rien ſentir,
» & qui finiroit par devenir un vrai monſ-
» tre, s'il réuſſiſſoit.

s. Penſée philoſophique.

Ecoutons le grand Poëte Philoſophe,
fondateur de la nouvelle école ſur cette
matiere.

Si de l'Etre éternel la ſageſſe infinie
Du Monde par le trouble entretient l'harmonie,
Pourquoi prétendez-vous qu'exemt des paſſions,
L'homme ſoit inſenſible à leurs impreſſions ?
Si l'ordre eſt affermi par d'affreuſes tempêtes,
Pourquoi donc croyez-vous que de coupables
            têtes,
Qu'un *Neron*, qu'un *Cromwel* puiſſent le ren-
      verſer ?
C'eſt un ſecret orgueil qui vous le fait penſer.
Mais Dieu ne peut-il pas aſſujettir le vice
A ſervir aux deſſeins formés par ſa juſtice ?
La raiſon doit porter un jugement égal
Sur l'ordre naturel, & ſur l'ordre moral.
Le Ciel dans le premier vous paroît équitable,
Pourquoi dans le ſecond ſeroit-il condamnable ?

Sur ces points au-deſſus de notre entendement,
L'eſprit ne peut former qu'un vain raiſonnement.
A ſuivre nos projets, tout ſeroit dans ce Monde
Dans un concert parfait, dans une paix profonde:
Nous voudrions que l'homme ami de la vertu
De deſirs vicieux ne fût point combattu ;
Que l'air ne fût jamais obſcurci de nuages,
Ni le calme des Mers troublé par les orages ;
Et que le cœur conduit par la loi du devoir
Jamais des paſſions ne ſentît le pouvoir.
Mais des fiers élémens l'éternelle diſcorde
Fait que le Monde entier ſe conſerve & s'accorde;
Et ſans les paſſions qui viennent l'agiter,
L'homme inſenſible à tout pourroit-il ſubſiſter?

Rougis donc, ô Mortel, de ta préſomption,
Et ne nomme plus l'ordre une imperfection :
Ce qui paroît un mal à notre foible vûe
Eſt de notre bonheur une ſource inconnue :
Rentre enfin dans toi-même, & d'un eſprit ſoumis
Contente-toi du rang où l'Eternel t'a mis.

La Nature n'eſt pas une aveugle puiſſance,
C'eſt un art qui ſe cache à l'humaine ignorance ;
Ce qui paroît haſard eſt l'effet d'un deſſein,
Qui dérobe à tes yeux ſon principe & ſa fin,
Ce qui dans l'Univers te révolte & te bleſſe,
Forme un parfait accord qui paſſe ta ſageſſe.

Tout défordre apparent eft un ordre réel ;
Tout mal particulier, un bien univerfel ;
Et bravant de tes fens l'orgueilleufe impofture,
Conclus que tout eft bien dans toute la Nature.

L'Auteur des mœurs, dont les talens font auffi brillans que fon cœur paroît fait naturellement pour la vertu qu'il rend fi aimable, dans cet ouvrage même qu'il lui confacre, & que la Religion qu'il ne connoit pas affez, avoueroit en grande partie, lui en ayant fourni la plûpart des principes, fans qu'il s'en foit apperçu ; dans cet ouvrage, dis-je, après avoir juftifié la Providence contre tous les blafphêmes des impies, fur les maux phifiques, il examine auffi ce qui regarde les paffions.

Il avance que les paffions font innocentes, que la raifon feule eft coupable : propofition qui paroît d'abord un Paradoxe, mais dont il entreprend la preuve. Voici l'ordre dans lequel il procéde.

Les paffions font indélibérées. Leur but eft la recherche du plaifir, la fuite de la peine; cela eft dans l'ordre. Dieu n'a pû n'avoir pas en vue de rendre heureufes fes créatures. Mais elles ont un inftinct aveugle qui ne peut fe fixer dans le choix du bien & du mal. L'office de la raifon eft de faire

ce difcernement, & de conduire la volonté : elle s'en acquitte mal. Si la raifon
laiffe aux paffions ufurper un Empire qui
lui appartient, fi elle leur laiffe former
des habitudes, & qu'alors elle devienne
trop foible pour leur réfifter, & reprendre dans l'occafion l'afcendant qu'elle a
négligé, l'ame fe trouve à la vérité dans
une imperfection contraire au bon ordre,
mais c'eft fa faute, puifque c'eft celle de
la raifon. Mais dans cet état même d'imperfection il y trouve des reffources.

Les chofes peuvent être rétablies peu
à peu dans l'état où elles devoient être,
& où elles étoient; c'eft un champ ou-
vert pour des combats utiles, glorieux,
toujours méritoires. Mais, demande-t-il,
fi l'homme étoit exemt de ces paffions,
n'auroit-il pas au Ciel une obligation de
plus ? Je n'en fçais rien, répond-il; ce
que je fçais, c'eft qu'il auroit un grand
moyen de mérite de moins.

On ne peut difconvenir qu'il n'y ait
du beau, & même du vrai dans ces idées,
quoique je ne prétende pas les adopter
toutes; il me fuffiroit, après avoir oppofé
Bayle à lui-même, de le mettre encore
aux mains, avec ceux de nos Philofophes

modernes, qu'on foupçonne le moins de fuperſtition, & de préjugés, & dont le jugement eſt le plus reſpecté par fes plus grands Admirateurs.

Mais ce n'eſt pas de leur feul témoignage que je veux faire ufage pour montrer que l'objection propofée n'a pas la force qu'on lui fuppofe, c'eſt de leurs raifons. Celles qu'ils alléguent, c'eſt que les paſſions font conformes à notre nature, font partie de notre conſtitution ; qu'elles font utiles & même néceſſaires à chacun de nous pour nous faire agir, & à la fociété pour la fervir ; que n'étant pas libres, elles ne font ni vertueufes ni vicieufes ; qu'elles ne nous portent même, à proprement parler, pas plus au vice qu'à la vertu, puifqu'elles ne nous portent qu'à notre bien, & que notre vrai bien eſt infini ; que la raifon nous eſt donnée pour gouverner ce reſſort principal à notre machine, & que c'eſt toujours fa faute, s'il fe dérange ; que pofé ce dérangement même elle peut encore aſſujettir ce reſſort, & que la peine qu'elle y prend eſt toujours un mérite : donc nous ne pouvons nous plaindre de la juſtice de Dieu, ni même de fa bonté qui nous a fait ce préſent, dont nous pouvons tirer de ſi grands avantages, & dont nous n'abuſons jamais que par notre faute.

Je réponds en troiſieme lieu en ſuivant toujours à peu près les mêmes guides à qui je ne crains pas qu'on manque de reſpect, & je dis à *Bayle* qu'il ne peut reprocher à Dieu d'avoir donné les paſſions aux hommes, à moins qu'il ne lui reproche de leur avoir donné l'exiſtence; car je ne m'en tiens plus à les repréſenter comme entrant naturellement dans notre conſtitution; je vais plus loin, & j'avance qu'elles en ſont une partie eſſentielle dans l'état où nous ſommes, c'eſt-à-dire, poſée l'union de l'ame avec le corps. En effet que ſont les paſſions, ſinon l'amour de nous-mêmes diverſement modifié?

Que ſont les paſſions? L'amour propre lui-même,
Evitant ce qu'il hait, & cherchant ce qu'il aime:
D'un bien faux ou réel la prompte impreſſion
Les frappant vivement, les met en action.

Deux puiſſances dans l'homme exercent leur
    empire,
L'une eſt pour l'exciter, l'autre pour le conduire;

L'amour-propre dans l'ame enfante le defir,
Lui fait fuir la douleur, & chercher le plaifir;
La raifon le retient, le guide, & le modere,
Calme des paffions la fougue téméraire.
L'un & l'autre d'accord nous donnent le moyen
Et d'éviter le mal, & d'arriver au bien.
Banniffez l'amour-propre, écartez ce mobile,
L'homme eft enfeveli dans un repos ftérile;
Otez-lui la raifon, tout fon effort eft vain,
Il fe conduit fans regle, il agit fans deffein.

Ce qu'expofe ici *Pope, Spinofa* le démontre dans fa Morale, ouvrage d'une
précifion & d'une méthode finguliere, où
il a tiré beaucoup de conféquences vrayes
de fes faux principes; la néceffité, ou le
fatalifme qu'il fuppofe par-tout en défigure toute la beauté; mais c'étoit la bafe
de fon abfurde fiftême.

Quoiqu'il en foit, fi les paffions ne font
que l'amour de nous-mêmes ou de notre
intérêt qui s'applique aux différens objets, quel moyen fournit-on pour y fup-
pléer? Et quel prétexte refte-t-il aux
murmures, contre la création de facultés
qui font fi intimement unies à notre être?

S'il y en a quelques-uns, ils trouve-
ront leur place dans les articles fuivans.

ARTICLE V.

Si Dieu est cause phisique du péché.

B. Art. Paulicius.

» ON ne conçoit pas que l'homme
» ait pû recevoir de Dieu la faculté
» de faire le mal ; cette faculté est un vi-
» ce ; tout ce qui peut produire le mal
» est mauvais, puisque le mal ne peut
» naître que d'une cause mauvaise.

» Il est impossible de comprendre que
» Dieu n'ait fait que permettre le péché,
» car cette permission n'ajoutant rien aux
» facultés de l'homme, comment eût-il
» prévu le péché ? «

» Nous ne comprenons pas qu'être
» créé soit un principe d'action, & que
» recevant, dans tous les momens de sa
» durée, son existence & celle de toutes
» ses facultés, d'une autre cause, il crée
» en lui-même des modalités par une ver-
» tu qui lui soit propre. Ces modalités
» sont distinctes de l'ame, comme vou-
» loient les Peripateticiens, ou bien com-
» me disent les Modernes ; si elles sont dis-
» tinctes, ce sont des êtres dont la pro-
» duction n'appartient qu'à l'Etre Créa-

» teur, finon elles ne peuvent être pro-
» duites que par la caufe qui produit la
» fubftance même. «

On obfervera d'abord quel eft le fondement de ces objections, & fi fur un
pareil fondement on peut affurer que des
difficultés font infurmontables à la raifon,
qu'elles font en oppofition contradictoire avec le dogme propofé !

*On ne conçoit pas, il eft impoffible de
comprendre, nous ne comprenons pas* comment s'accordent telles & telles chofes,
donc elles font oppofées, donc elles s'en-
tredétruifent. Nous ne concevons pas
comment le quarré d'une ligne qui n'eft
pas égale à deux autres lignes peut cependant être égal au quarrés de ces deux autres lignes, pourroit dire quelcun qui n'auroit nuls élémens de Géométrie, donc
votre XLVIIe Propofition d'Euclide eft
fauffe. Le paralogifme eft évident, vos
difficultés ne roulent que fur la maniere,
& vous prononcez fur le fond de la chofe.
Aucunes des explications données, aucuns des moyens de conciliation, ne font
encore de votre goût, vous pouvez avoir
raifon, peut-être auffi avez-vous tort,
nous ne pouvons exiger que vous admet-

tiez fans preuve fuffifante ces explications
que vous n'entendez pas ; êtes-vous plus
en droit d'attaquer des vérités évidentes ,
telles que celles qui regardent la Providence , fous prétexte que vous ne voyez
pas les moyens de les accorder avec celles qui roulent fur la prefcience & la juftice de Dieu, qui le font auffi ? Eft-ce ainfi
qu'on en ufe en Géométrie ? Et la Logique permet-elle cette façon de raifonner ?
Mais je ne m'en tiens pas à cette obferva-
tion générale qui porte également coup
aux-trois difficultés qu'on nous propofe
ici , & qui auroit la même force contre
la plûpart de celles qui fuivront ; je veux
les examiner en détail, & voir fi outre ce
vice qui leur eft commun , elles n'en ont
pas quelque autre qui leur foit particu-

1. Objec-
tion de
Bayle.
lier. » Comment Dieu auroit-il donné à
» l'homme la faculté de faire le mal ? Cet-
» te faculté eft un vice ; le mal ne peut
» naître que d'une caufe mauvaife ; donc
» tout ce qui peut produire le mal eft
» mauvais. « Il faut encore obferver en
paffant que les deux Propofitions qui
compofent cet enthimême font précifément identiques, & qu'on peut les tranf-
pofer, & les fubftituer l'une à l'autre tant
qu'on veut.   Le

Le sujet de l'une & de l'autre eſt *ce qui peut cauſer le mal*, *ce qui peut produire le mal*, l'attribut eſt *mauvais*; il n'y a rien qu'on ne puiſſe prouver, quand on poſe pour preuve ce qui eſt en queſtion. C'eſt un défaut que *Bayle* reproche fréquemment aux autres Philoſophes, aux Théologiens, & ſur-tout aux Peres de l'Egliſe; ce n'eſt pas toujours avec raiſon, mais je défie les plus grands partiſans de la juſteſſe de ſon eſprit, de le ſauver ici d'être tombé dans cette faute, qu'il trouve avec raiſon ſi contraire à la ſaine Logique.

Ce qu'il a à prouver eſt donc que ce qui peut produire le mal eſt mauvais. Le principe général qui établiroit cette propoſition ſeroit celui-ci: les effets ſont renfermés dans leurs cauſes, & ils y ſont renfermés tels qu'ils ſont; or, diroit-on, le mal eſt l'effet de la faculté qui le produit, donc cette faculté contient le mal, & le mal en qualité de mal; donc elle eſt vicieuſe, donc elle ne doit pas ſon origine à Dieu, ou il a produit quelque choſe de vicieux.

Voilà la ſeule façon raiſonnable dont *Bayle* pouvoit propoſer ſon argument;

Tome I.   D

mais quand on cherche à détruire plutôt qu'à établir, comme il s'en vante souvent, & qu'on voit affez que c'eft fon deffein, on évite cette méthode claire & précife, on a recours aux enthimèmes, aux propofitions complexès, aux dilèmes imparfaits, aux comparaifons, au défaut de preuve.

Je reviens au principe, & je dis que dans fa généralité il eft faux à bien des égards. 1°. Il eft faux en l'entendant de toutes fortes de caufes : les caufes occafionnelles, par exemple, ne renferment point du tout leurs effets ; ainfi le feu ne renferme point la chaleur qu'il me caufe, ni la penfée de mon ame, le mouvement qu'elle donne actuellement à ma main. 2°. Il eft faux, des caufes partielles même phifiques ; outre que n'étant que partielles, elles peuvent ne pas contenir chacune tout ce qui compofe l'effet, elles peuvent même ne contenir ni l'une ni l'autre ce qui fait fa nature diftinctive. Ainfi deux forces divifées agiffent fur le corps *C* : La force *A* le pouffant du côté de l'Orient, & la force *B* du côté du Midi, & formant entr'elles un angle droit, le corps *C* qui ne peut décrire

tout à la fois les deux côtés du quarré
fuivra la diagonale , & tendra au Sud-
Eft, avec la viteffe réfultante des deux
forces qui agiffent fur lui , comme on le
démontre dans les Méchaniques ; or , ce
mouvement fuivant la ligne diagonale ,
n'eft contenu ni dans la force A , ni dans
la force B. Ainfi encore le mélange de
deux drogues falutaires peut produire de
très-mauvais effets , & celui de deux poi-
fons , compofer de très-bons remedes.
Ainfi en Chimie fçait-on tirer des principes contraires , des effets furprenants , &
qui tiennent du prodige pour ceux qui ne
font pas initiés à fes fecrets. 3°. Il eft faux
fur-tout que la caufe quelle qu'elle foit ,
contienne l'effet , felon tous les rapports
qui lui font propres. Le pere eft la caufe
du fils qui naît de lui ; or , le fils n'étoit
point renfermé dans fon effence comme
fils , ni comme frere d'un autre enfant né
de lui auparavant ; car le pere ne peut
être fon propre fils , ni frere de fon fils.

Le pêcher eft la caufe phifique immédiate du fruit délicieux qu'il produit. La
feve que la végétation lui fait tirer de la
terre , & philtrer dans toutes fes parties ,
qui circule comme notre fang, de fes raci-

nes aux extrêmités de ſes branches , & dans les plus petites fibres de ſes feuilles , a été le ſuc nourricier de ce fruit , & par conſéquent en a été cauſe partielle ; or , ni l'arbre , ni la ſeve, n'ont cette douceur , & ce goût exquis qui nous flatte tant dans la pêche. Mâchez l'écorce de cet arbre , la ſeve que vous en tirerez vous paroîtra d'une amertume inſuportable. Il ne ſert de rien de dire que nos ſenſations ne ſont point dans ce qui les occaſionne ; je le ſçais bien , & mon raiſonnement ne ſuppoſe point cette vieille erreur péripatéticienne, mais nos ſenſations ne ſont différentes qu'à proportion de la différence plus ou moins grande qui eſt entre les objets extérieurs qui les font naître : il y en a donc une très-marquée , entre la pêche qui eſt l'effet , & le pêcher & la ſeve qui en ont été les cauſes. Mais pour nous éloigner moins des grands objets qui nous occupent , diſons que Dieu même ſuppoſé avec raiſon cauſe univerſelle, ne contient point ſes effets tels qu'ils ſont. Il eſt évidemment démontré qu'il ne contient point l'étendue telle qu'elle convient à la matiere , diviſible , capable de mouvement , & impénétrable. Il n'eſt pas moins démontré qu'il ne peut contenir réellement les qualités essentielles à notre ame, & aux autres esprits. On répond qu'il contient éminemment tout leur être, & que ce qu'il n'en contient pas, est précisément ce qui leur manque à eux-mêmes; ce sont leurs limites, c'est ce qui les constitue êtres finis, & finis dans certaines bornes, bornes que son immensité en tout sens ne peut reconnoître.

On a raison, mais c'est précisément la réponse à la difficulté proposée, qu'il est étonnant qu'on n'ait pas voulu appercevoir.

Une cause quelconque phisique & totale doit contenir éminemment tout son effet quant à sa substance; quant à ce qui lui manque, point du tout. Le mal moral est une action mauvaise; comme action, il est certainement renfermé dans la faculté qui la produit, c'est son phisique, son matériel, comme on s'exprime ordinairement; comme mauvaise, c'est son défaut, ce qu'on appelle le formel du péché, il n'est point renfermé dans la faculté qui produit l'action; car le défaut est une privation d'être, qui ne peut être produit positivement, qui n'a pas de cause phisique : j'éclaircirai cela plus bas.

Dieu donc feroit limité , circonfcrit dans des bornes, fi la terre ou le Monde, ou les intelligences qu'il a créées, étoient tellement renfermées dans fon effence, que tout cela en fît partie. Ce que ces Créatures contiennent d'être , elles le tiennent de lui, il le contient éminemment ; mais leurs bornes, & ce qui fait qu'elles font finies, qu'elles font tels & tels êtres, il ne les contient pas. C'eft pourtant lui qui leur a prefcrit ces bornes, c'eft-à-dire , qu'il n'a voulu leur donner que tels degrés d'être ; mais le Néant qui les borne, il ne l'a point produit ; le Néant n'a pas plus de caufe , qu'il ne peut être caufe de quelque chofe ; tout ce que Dieu a produit eft réel, eft être, & il poffède éminemment tout ce réel , tout cet être.

Si le raifonnement qu'on fait ici, étoit folide , la création, qui d'une part fuppofe une puiffance infinie dans le Créateur, & des bornes quelconques dans la Créature , prouveroit tout à la fois, & que Dieu eft infini, comme Créateur, & qu'il eft fini, comme contenant des effets finis. De même , la faculté qui produit des actes , contient tout ce que ces actes ont

de réel, de véritable être, mais ils en ont
moins qu'elle, ou du moins ils peuvent
en avoir moins ; c'est bien elle qui leur
prescrit les bornes qu'ils ont, qui les leur
donne, en ce sens qu'elle ne les produit
pas aussi étendus, aussi parfaits qu'elle le
pourroit ; mais ces bornes sont toujours
des privations d'être qu'elle ne produit
pas réellement ; elle n'est donc pas aussi
bornée que les actes qu'elle peut produire, ni essentiellement mauvaise, parce
qu'elle peut produire des actes mauvais.

» Il est impossible de comprendre que
» Dieu n'ait fait que permettre le péché,
» car cette permission n'ajoutant rien à la
» faculté de l'homme, on ne voit pas com-
» ment Dieu pourroit prévoir le péché. «

2. Objection de Bayle.

Cette objection suppose la préscience
de Dieu, même des futurs contingents, &
malgré toutes les difficultés qu'on y oppose, elle est prouvée solidement, & à
priori par l'idée même de Dieu, de sa souveraine perfection, de la nécessité de sa
providence, & à *posteriori* par les effets
mêmes de cette providence qui n'a pas
échappé aux Philosophes Payens. Les
Chrétiens ont une preuve de plus qu'ils
tirent des Prophéties, dont ils démon-

trent l'accompliſſement ; mais quelque certaine que ſoit la préſcience de Dieu, rien n'eſt moins clair que la façon dont il l'éxerce, & vouloir éclaircir une queſtion difficile par celle-ci, c'eſt ce que les Philoſophes appellent *obſcurum per obſcurius*, détruire une obſcurité par une plus grande.

Quoiqu'il en ſoit, *Bayle* n'ignoroit pas qu'il y avoit pluſieurs ſiſtêmes permis dans les Ecoles Chrétiennes, & dont toutes les parties ſont très-liées, dans leſquels on explique d'une façon ſatisfaiſante, ce qu'il nous donne ici comme inexplicable & inſoluble.

Il nous demande donc comment Dieu verroit les déterminations libres de l'homme, s'il ne faiſoit que les permettre. Je lui réponds d'abord que, quand nous ne le ſçaurions pas, dès que d'une part il eſt démontré à la rigueur qu'il les voit, & que le ſens intime nous convainc que ces déterminations ſont effectivement libres, il s'enſuivroit évidemment qu'il y auroit un moyen de concilier ces deux choſes, que nous ne ſommes tenus ni de comprendre, ni d'expliquer.

Je réponds en ſecond lieu qu'il les voit de toutes les manieres poſſibles, c'eſt à-

dire, qui ne répugnent ni à son essence,
ni à la nature des choses. Il les voit donc
par sa coexistence éternelle à tous les
tems, comme il est intimement uni à tous
les êtres par son omniprésence, infiniment
simple dans son immensité, immense dans
sa simplicité. De même donc qu'il est tout
entier en chaque point, & que le Monde
entier n'égale pas son immensité, il est
aussi existant dans tous les instans du
tems, & dix millions de siécles ne sont
qu'un point mesurés à son Eternité ; elle
coexiste à tous les tems, le passé, le présent & l'avenir ne sont pour lui qu'un moment ; la durée n'est que pour les êtres
sujets au changement, & finis ; pour lui
il existe, & l'éternité de son existence est
aussi indivisible que son immensité.

On ne peut donc distinguer dans l'E-
ternité de Dieu la portion qui en est écou-
lée, de celle que nous supposerions corres-
pondre au moment présent, & de celle qui
durera toujours. Si ces distinctions étoient
fondées, Dieu ne seroit pas encore éternel, chaque moment ajouteroit à sa durée,
& par conséquent à son infinité. Quelque
abstraites que soient ces idées, il est cependant certain qu'elles sont vrayes, &

que par conféquent Dieu ne dure point, il eſt ; on parle improprement en diſant qu'il a toujours été, & qu'il ſera ; lui ſeul s'eſt défini ; *Sum qui ſum.* Tous les tems lui ſont donc préſens dans le même point de ſon éternité, comme tous les eſpaces dans le même point de ſon immenſité. Et dans tous les tems, & dans tous les lieux, toutes les créatures qui ont exiſté, qui exiſtent, & qui exiſteront, lui ſont préſentes. Ainſi il les voit telles quelles ſont, avec toutes leurs modifications, libres ou non. Ce qui nous donne plus de difficulté à ſaiſir ces vérités, c'eſt que nous avons de la peine à ne pas regarder la durée & l'eſpace comme des Etres diſtingués de leurs ſujets ; nous en voulons faire des ſubſtances, & ce ne ſont en effet que des modes.

La durée n'eſt autre choſe, que la choſe même qui exiſte, & l'eſpace, que la choſe étendue que nous ſuppoſons le remplir. Les changemens qui arrivent aux Créatures, ſont la meſure & du tems & de l'eſpace ; de ſorte qu'unis à Dieu dans le Ciel, & abſorbés dans ſon amour, il n'y aura plus pour nous ni tems ni lieu. Ce n'eſt pas ici celui d'approfondir cette matiere, ce que j'en ai dit ſuffit pour faire voir qu'il y a des façons auffi dignes de Dieu d'expliquer fa préfcience , qu'en ayant perpétuellement recours à fes décrets , qui donnent lieu , dans la queſtion dont il s'agit, à de grandes difficultés, pour les accorder avec la liberté de l'homme.

Si pourtant on prétend que ces d écrets s'accordent avec la liberté , & qu'ils foient tels qu'ils ne foient pas caufe premiere des déterminations vicieufes de l'homme , mais au contraire , que ce foit toujours l'homme qui fe détermine le premier au mal , je ne les rejette point , & je n'ignore pas que les Thomiſtes fe défendent vigoureufement contre toutes les attaques qu'on leur fait à ce fujet.

Les défenfeurs de la Grace efficace par elle-même , qui ne fe mêlent point dans la queſtion de la prémotion phiſique , ont encore plus de facilité à fe défendre des conféquences qu'on veut tirer de ces deux fiſtêmes contre la fainteté de Dieu, & la liberté de l'homme. Ils fuppofent que Dieu donne à tous les hommes , ou du moins leur offre une grace fuffifante pour faire le bien, y perfévérer, & réfifter aux tentations ; mais ils foutiennent que cette Grace feule eſt toujours fans

effet , quoiqu'elle puiffe en avoir ; ils
ajoutent qu'il y a une autre Grace , qui
au contraire a toujours fon effet , quoiqu'il ne tienne qu'à l'homme de l'empêcher en lui réfiftant. Dieu voit donc dans
fes décrets tous les bons effets qu'a dû
produire ce fecours efficace , & dans les
décrets de ne pas donner les mêmes fecours en telles & telles occafions , il
voit de même que l'homme fuccombera
à telle & telle tentation. Je n'en fuis
pas maintenant à accorder ces fiftêmes
avec la juftice , & fur-tout la bonté de
Dieu ; il ne s'agit à préfent que de fa préfcience : ces queftions font affez délica-
tes pour ne pas fortir de fa théfe , & fe renfermer dans les bornes qu'on fe prefcrit.

Un autre fentiment fujet à moins de
difficultés , qui même n'en éprouve prefqu'aucune de la Philofophie , & que la raifon adopte fi volontiers , c'eft celui de la
fcience moyenne , & des Congruiftes.

Dieu connoit tous les replis des volontés qu'il a tirées du Néant , telles qu'il a
voulu ; il fçait toutes les loix qu'il a portées , tant pour le mouvement général ,
que pour la combinaifon des divers mouvemens , & pour l'union des ames & des

corps ; il voit d'un coup d'œil le réfultat
de toutes ces combinaifons , & condui-
fant tous & chacun des évenemens par
une providence générale , qui entre cependant dans le plus grand détail , il voit
infailliblement que l'homme , placé dans
telle & telle circonftance , choifira telle
ou telle détermination ; voilà le fondement de fa préfcience : il eft le maître ,
& des circonftances , & de nous placer
dans celles qui doivent affurer l'exécution des deffeins que concerte fa fageffe ;
voilà celui de fa Providence , & du fouverain Domaine qu'il conferve fur nos
cœurs , fans rien diminuer de celui qu'il
a attaché à notre franc-arbitre.

Ce feroit encore m'écarter de mon fujet , que d'entrer dans la difcuffion de
tout ce que les Théologiens difent pour
ou contre ce fiftême , fi propre d'ailleurs à concilier ce que la raifon nous apprend de Dieu , & ce que notre propre
confcience nous fait fentir de nous-mêmes. Mais je ne puis me difpenfer de dire
un mot , fur ce qu'on veut que la raifon
même oppofe à ce fiftême que je donne
comme celui de la raifon.

On dit donc d'une part , que c'eft ici

une science conjecturale qui n'est pas digne de Dieu ; & de l'autre, que ce n'est
qu'un domaine prétendu , où il paroît
plus d'adresse que d'autorité , & qui est
encore moins digne de sa suprême puissance. Quant au premier point , si , par
science conjecturale , on entend une science équivoque qui laisse la moindre ombre
d'incertitude, qui suppose le moindre cal-
cul en Dieu , le moindre travail, les Con-
gruistes s'en défendent très-bien , &
prouvent qu'on leur en impose. Dieu
voit tout d'un coup, & d'une vûe très-
claire, très-distincte, très-certaine, le ré-
sultat de toutes ces combinaisons. Si donc
c'est cette science même qu'on veut toujours appeller conjecturale, ils ne s'y opposent point ; mais ils n'y voyent rien ,
ni nous non plus, qui soit indigne de Dieu.

Il paroît même qu'en supposant tant
qu'on voudroit la science de Dieu universelle par le moyen de ses décrets , on
auroit encore bien de la peine à lui refuser celle-ci.

Car quand ses décrets gouverneroient
absolument toutes les déterminations ,
même indépendamment des causes libres ,
cela n'empêcheroit pas qu'il ne vît dans

ſes idées archetipes de tout, ce ſiſtême que nous examinons, où les cauſes libres ſe détermineroient par elles-mêmes, & qu'il ne dût voir quelles ſeroient alors ces déterminations. Il me ſemble qu'on ne peut refuſer à Dieu la connoiſſance de ce qu'auroient fait tels ou tels hommes créés ou non, placés dans telles circonſtances où il ne les a pas mis. Il ne voit pas cela dans ſes décrets, puiſqu'il ne fait rien d'inutile, & n'en a pas porté ſur ces cas qui ne devoient avoir aucun lieu.

Quant à ſa toute-puiſſance, le ſentiment propoſé ne lui fait pas le moindre tort, puiſqu'il conſerve toujours ſon domaine entier ſur toutes ſes Créatures ; que celui qu'elles ont elles-mêmes, n'eſt que parce qu'il le veut, & tant qu'il le veut ; & que malgré cela, il trouve encore moyen de leur faire faire tout ce qu'il veut, & exécuter tous ſes deſſeins. Si ſa puiſſance éclate moins dans cette conduite, ce dont je n'ai garde de convenir, il faut avouer auſſi que ſa ſageſſe s'y développe d'une façon bien plus admirable.

Mais, diſent encore certains Philoſophes, Dieu ſe ſuffit dans tous les ſens ; il eſt à lui-même ſon amour, ſon bonheur, sa lumiere, sa puissance, sa science, sa gloire ; il n'a besoin de rien hors de lui : il ne peut donc voir que dans son essence ses propres perfections, & dans ses décrets tout le reste? S'il lui falloit un moyen pour cela, il auroit donc besoin des Créatures pour voir, il dépendroit d'elles pour sçavoir, elles augmenteroient ses lumieres, leur existence augmenteroit sa science ? Cette objection qu'on peut manier de cent façons qui sont aisées à appercevoir, & qui reviennent toutes à ceci, porte également contre la premiere explication que j'ai donnée, & contre celle-ci ; mais elle ne me paroît avoir aucun fondement raisonnable. Je ne sçais pas bien à qui cette Métaphisique doit son origine, mais elle a bien l'air de tenir de près au génie Arabe, qui nous communiqua quelque méthode, & beaucoup trop de subtilités.

Quelles idées bizarres de dépendance nous présente-t-on ici ! Dépend-on des choses qu'on voit, quand on les voit sans qu'elles s'en mêlent, sans qu'elles communiquent aucunes lumieres, aucunes idées ; quand on les voit en elles-mêmes toutes entieres d'un seul coup d'œil ? Il faudroit donc dire aussi que la puissance de Dieu dépendoit des Créatures, & même du Néant, puisqu'il ne l eût point exercée par la création, s'il n'avoit produit des Créatures, & qu'il ne pouvoit les créer qu'en les tirant du Néant.

Il est faux que dans ces sistêmes la science de Dieu soit plus ou moins grande ; il a dans tous les momens de sa durée, ou pour parler plus juste, dans le point unique & indivisible de son éternité, la science universelle & détaillée, & de tout ce qu'il est, & de tout ce qui est par sa volonté, & de tout ce qui sera, & de tout ce qui est possible. Mais il voit les choses telles qu'elles sont; existantes, celles qui sont existantes dans quelques-uns des momens de tems auxquels correspond son éternité; possibles simplement, celles qu'il ne juge pas à propos de tirer de cet état. Ainsi il voit les déterminations libres, existantes, celles qui ont lieu dans la durée des êtres libres ; possibles, celles qui ne sortiront jamais de l'état de contingence. Il les voit, & en elles-mêmes, & dans toutes les circonstances ou les motifs qui occasionnent leur naissance. Un être de plus qu'il tireroit du Néant, ou une dé-

termination de plus des caufes libres, n'a-
jouteroit pas plus à fa fcience, qu'à fa puiffance s'il l'y avoit exercée. Les Créatures exiftantes ou poffibles lui font en
quelque façon étrangeres, elles n'ajoutent rien à fa puiffance, ni à fa fcience.
Nous-mêmes avons-nous la vûe meilleu-
re, fi deux objets s'offrent à la fois à notre vûe, que s'il ne s'y en offre qu'un ?
Il eft vrai qu'alors nous voyons deux objets au lieu d'un, parce qu'il eft d'une
nature finie de pouvoir voir plus ou moins
en différens tems. Mais Dieu voit tout, tout
à la fois. Tous les êtres poffibles font renfermés dans fes idées, & tous ceux qu'il
tire de cet état, il les en tire par un décret fimple de fa volonté, qui les lui offre auffi tous en même tems. Enfin, fous
prétexte de prendre en main la défenfe de
la grandeur de Dieu, de fon indépendan-
ce, de fon immutabilité, de fon infinité,
on le prive réellement, non d'une connoiffance, mais d'une vifion actuelle dont il
paroît abfurde qu'il ne foit pas capable.
Etre vû de la part d'un objet, n'eft point
du tout agir fur l'intelligence qui le voit,
c'eft quelque chofe de purement paffif de
la part de l'objet ; l'action n'eft que du

côté de l'intelligence ; pourquoi donc
Dieu ne pourroit-il pas voir & les esprits
& les corps en eux-mêmes ? Pourquoi le
réduire à ne les voir que dans ses idées,
comme possibles, & dans ses décrets, comme existants ?

C'est même vouloir les lui faire voir
autrement qu'ils ne sont, & ne les lui pas
laisser voir tels qu'ils sont. Car enfin ,
dans ses idées, ils n'y sont que possibles ;
& dans ses décrets ils n'y sont que devant
exister , & non existants ; ces décrets
portent qu'ils sortent du Néant , ils y
sont donc encore ? Je sçais bien que l'existence en suit nécessairement, d'une nécessité de conséquence ; mais enfin, ce n'est
pas l'existence même actuelle. Or , ce que
Dieu a créé existe réellement, & existe
en soi-même par les substances, & dans
les substances, par les modalités : ce seroit
donc des êtres que Dieu ne verroit pas
tels qu'ils sont. Il ne les verroit pas réellement, car ils ne peuvent être réellement dans ses décrets qui ne sont pas
distincts de sa volonté, puisqu'ils en feroient partie ; & il ne les verroit pas tels
qu'ils sont, puisqu'il ne les verroit que
devant passer nécessairement de la possi-

bilité à l'exiſtence, tandis qu'ils auroient déjà une exiſtence propre, & actuelle.

Il réſulte de-là que les moyens que nous indiquons, par leſquels Dieu peut voir les péchés futurs, ſont auſſi conformes à la raiſon, que celui qu'on veut nous donner excluſivement pour lui ôter toute préſcience, & le faire auteur de tous les crimes.

3. Objection de Bayle.

Nous ne comprenons pas qu'être créé ſoit un principe d'action, & que recevant dans tous les momens de ſa durée ſon exiſtence & celle de toutes ſes facultés, d'une autre cauſe, l'homme crée en lui-même des modalités par une vertu qui lui ſoit propre.

1°. Que nous le concevions ou non, le ſens intime nous convainc que nous avons un principe vraiment actif, agiſſant, & agiſſant très-librement ; nous ſentons nos propres perceptions, nos doutes, nos jugemens ; nous ſentons de même nos irréſolutions, nos deſirs & nos déterminations. Tout cela nous eſt propre, & qu'une autre cauſe y influe ou non, nous ſommes intimement convaincus que nous produiſons en nous toutes ces modifications. Les objets nous ſont fournis, nous recevons nos facultés, mais

des actes mêmes nous fommes au moins
caufes partielles.

2°. La création continuelle qu'on fuppofe, ne fait rien du tout dans la préfente
queftion, elle ne change rien aux êtres
qu'elle produit; comme la vûe continuelle d'un objet, ne l'affecteroit en aucune
façon. Dieu peut produire les êtres agif-
fans par une action propre, comme dans
le repos, ou ne recevant leur action que
de lui. S'il les produit à tous les inftans,
c'eft avec la nature qui leur eft propre.
Celle des intelligences eft d'être un Principe actif, comme celle de l'étendue eft
d'être purement paffive.

3°. L'exiftence de la création continue, quoiqu'adoptée par beaucoup de
Docteurs, ne paroît fondée fur aucune
raifon folide. Si c'étoit ici le lieu, nous
ferions voir qu'on peut lui en oppofer
d'affez fortes. Je me contente d'obferver que la création fuppofe un être tiré
du Néant, ce qui ne peut convenir à ceux
qui exiftoient déjà ; & que tous les êtres
poffibles étant par leur effence indifférens
à l'exiftence, ou à la non-exiftence, on
auroit plutôt befoin d'un décret de Dieu
pour les faire rentrer dans le Néant,

quand il les en a une fois tirés, que pour les empêcher d'y rentrer. Ainsi les êtres créés continuent d'exister en vertu du même & unique décret de Dieu, qui leur à donné naissance. Rien n'empêche donc que ceux à qui il en a donné la faculté, ne se modifient, & ne le fassent à leur gré.

4°. *Bayle* est encore ici en contradiction avec les Philosophes modernes dont le suffrage le flatteroit davantage. Plus ils ont médité l'esprit de la Nature, plus ils se sont convaincus que l'activité étoit la propriété la plus essentielle à tous les êtres. On ne peut, selon eux, concevoir aucun être sans un principe d'action qui lui soit propre ; au point qu'exister & agir sont presque sinonimes.

Je ne prends point de parti entr'eux & lui sur cette matiere ; mais j'en conclus que loin que l'activité soit incompatible avec l'idée des êtres créés, elle s'y assortit si bien, qu'on l'y prétend essentielle. Mais, continue *Bayle*, ou ces modalités sont distinctes de l'ame, comme le pensoient les Peripatéticiens, ou elles ne le sont pas, comme le veulent aujourd'hui les Philosophes. Dans le premier cas, ce sont des êtres que Dieu seul peut créer ;

dans le fecond, ce font à la vérité de fimples modifications attachées à une fubftance, mais qui doivent être produites
avec elle par le même acte de création.

Je réponds que le fiftême peripatéti-
cien qu'a adopté de nos jours le célebre
Auteur de l'*Action de Dieu fur la Créature*, eft en effet favorable à la difficulté
propofée. Mais je n'ai garde d'en prendre
la défenfe ; il me paroît infoutenable, &
dans les principes, & dans les conféquences, comme l'ont montré le Pere
Mallebranche & quelques autres Philofophes. Mais, en fuppofant que ces modalités ne font point des fubftances diftinctes réellement de leur fujet, il n'y a plus
d'inconvénient à penfer que les intelligences peuvent les produire par un principe actif qu'elles tiennent de Dieu. Il eft
donc faux qu'on ne puiffe concilier avec
la raifon le pouvoir qu'ont les intelligences de fe modifier elles-mêmes, & faux
par conféquent qu'on puiffe, à ce titre,
accufer Dieu d'être Auteur immédiat &
caufe phifique de leurs déterminations &
de leurs péchés,

ARTICLE VI.

Suite du même sujet, & du concours de Dieu.

BAyle prétend, & il s'autorise du sentiment de *Jurieu*, que quand même on ne pourroit pas dire que Dieu fût la cause unique de nos déterminations, on ne pourroit toujours lui refuser la qualité de cause phisique partielle, parce que toutes les causes secondes ont un besoin nécessaire que le concours de la cause premiere influe dans toutes leurs actions. Quelque parti qu'on prenne, dit-il, s'en tînt-on au concours simultané, Dieu produit l'action de l'intelligence supposée libre aussi réellement qu'elle, & si on admet la prémotion phisique, la difficulté sera bien plus grande.

C'est encore ici un de ces cas où l'on veut dissiper des ténebres par de plus grandes ténebres. Il se pourroit très-bien que le concours requis pour agir, ne fût pas distingué du décret même de Dieu qui en donne & conserve le pouvoir, de même

même que la création continuée n'eſt autre choſe que le premier décret de la création même de chaque ſubſtance , & de ſes
facultés. D'ailleurs , *Bayle* n'ignoroit pas
qu'il y a pluſieurs manieres d'expliquer
ce concours , ſans que Dieu influe immédiatement & phiſiquement dans nos déterminations.

Il concourt à toutes nos actions , & en
nous conſervant l'être , & en nous conſervant nos facultés , & en nous fourniſ-
ſant ſeul des idées , des ſenſations , des
motifs , toutes choſes préalablement néceſſaires à nos déterminations. Ajoutez à
cela l'amour général qu'il nous imprime
pour le vrai, & pour le bien ; ajoutez même , ſi vous voulez , avec le Pere *Malle-*
branche , que cet amour eſt l'unique mouvement de nos ames , & de toutes les intelligences dont les déterminations ne ſont
que l'effet de la réſiſtance qu'elles oppo-
ſent à ce mouvement , ou de l'obéiſſance
qu'elles y prêtent ; & vous aurez un concours très-réel qui n'ôtera cependant rien
au domaine abſolu que nous avons ſur nos
actes. *Bayle* oppoſe au Pere *Mallebranche* ,
qu'il faut autant de force pour réſiſter au
mouvement que pour le produire ; il peut

Tome I.　　　　　　　　　　　E

avoir raifon ; auffi n'eft-ce pas l'incompa-
tibilité de cette force motrice avec la nature des intelligences , qui pourroit faire
admettre la néceffité pour elles de recevoir continuellement leur mouvement de
Dieu , mais ce feroit pour fe conformer
au fiftême plus généralement reçu de la
néceffité d'un concours. Ce feroit encore,
parce que notre propre confcience nous
rend témoignage de ce mouvement général indélibéré & néceffaire. Mais on pourroit très-bien, en le reconnoiffant , laiffer à
la Créature le pouvoir de le modifier à
fon gré , fans la borner à l'efpece de repos dont femble fe contenter le Pere
Mallebranche.

On peut donc dans ce fiftême fe défendre de toutes les raifons qu'on allégue
pour prouver que Dieu foit caufe phifique du péché. Mais voici une folution générale que j'ai touchée dans l'article pré-
cédent , & qui a été développée par plufieurs Docteurs, & fur-tout par *S. Auguf-*
tin avec autant de force que de netteté.

Je pourrois me contenter de renvoyer
à ce qu'ils nous en difent , mais comme
plufieurs Lecteurs n'auroient peut-être
ni la volonté , ni la commodité d'étudier

les immenfes ouvrages qui traitent de cette matiere, & qu'ils pourront être bien ai-
fes de trouver ici tout ce qui eft néceffaire pour fon intelligence, je crois à propos d'en donner au moins les principes.

Je dis donc avec *S. Auguftin*, que Dieu
ne peut être la caufe phifique efficiente du
mal moral, fi le mal moral n'en a point ;
or, il ne peut en avoir. Pour le comprendre, il faut en donner une notion claire.

Le mal n'eft autre chofe que le défaut
du bien : le mal phifique eft le défaut du
bien phifique ; le mal moral, le défaut
du bien moral. Le bien phifique n'eft autre chofe que l'être même ; être & bon
font finonimes ; deux degrés d'être font
donc deux degrés de bonté. Le mal phifique n'eft que la privation des degrés
d'être : ainfi Dieu qui les raffemble tous,
ne peut renfermer aucun mal phifique ;
mais les Créatures quelque parfaites
qu'elles foient, étant néceffairement bornées, touchent au Néant, & leurs limites
néceffaires leur fuppofent toujours un
mal phifique, non pour ce qu'elles font,
mais pour ce qu'elles ne font pas. Il y a
un autre bien phifique relatif : il confifte
dans le rapport des êtres & de leur modi-

fication avec un tout, ou avec un deffein. De leur conformité avec ce deffein
naît l'ordre, la beauté, l'harmonie ; leur
défaut de conformité produit des effets
tout contraires, & c'eft ce qu'on peut appeller mal phifique relatif.

Le bien moral confifte dans la conformité des êtres intelligens, & de leur modification avec l'ordre éternel, la loi immuable, & les deffeins de Dieu fur eux ;
le mal moral confifte donc dans le défaut de cette conformité.

Tous les êtres que Dieu a créés font
bons phifiquement, parce que tout degré
d'être eft bon. Les degrés qui leur man-
quent, ne peuvent être imputés ni à Dieu
ni à eux ; ils font bornés par l'effence générale des Créatures, & bornés à tel degré par leur effence propre. Les modifications que Dieu leur imprime en les tirant du Néant, font auffi bonnes d'une
bonté phifique & morale, parce que l'ordre général & éternel n'étant autre chofe que fa volonté, il ne peut rien créer,
qui n'y foit conforme. Mais s'il a laiffé,
comme nous le fuppofons, aux intelligences la liberté de fe modifier elles-mêmes ;
s'il a même établi des loix générales de

dépendance, entre leurs modifications &
celles de la matiere, on conçoit qu'il en
pourra réfulter des défordres moraux, &
même des défordres phifiques. Mais il
faut bien diftinguer dans ces défordres
mêmes ce qu'il y a de pofitif, de ce qui
eft purement relatif.

Les modifications en elles-mêmes, en
tant qu'elles font des êtres, font bonnes
phifiquement ; fi elles font conformes à
l'ordre & aux deffeins de Dieu, elles font
encore bonnes moralement : fi elles y font
contraires, elles font moralement mauvaifes ; mais ce mal moral n'étant qu'un
défaut de conformité, n'eft rien de réel,
& par conféquent ne peut avoir de caufe
efficiente.

Le fiftême du Pere *Mallebranche* donne
un nouveau jour à cette vérité. Si la détermination de l'homme n'eft point un
mouvement proprement dit, n'eft point
un acte, mais un fimple repos dans la
Créature, au lieu de fe livrer au mouvement qui la porte vers fon Créateur, on
fent que fon péché n'eft qu'une fimple
négation qui n'a pas befoin de caufe
phifique. L'homme donc en vertu de fon
libre arbitre, peut abufer du mouvement

général que Dieu lui imprime, soit en le
partageant, & ne produisant pas des actes aussi étendus que Dieu le veut, soit
en le dirigeant, & lui donnant la Créature pour terme, au lieu du Créateur.
Ces actes seront vicieux en ce qu'ils ne
seront pas conformes à l'ordre éternel &
aux desseins de Dieu. Mais ces actes mêmes, en ce qu'ils ont de phisique & de matériel, ne font point un mal moral ; ils ne
le font que par ce défaut de conformité.
Or, de quelque façon que Dieu y influe
par son concours, ce n'est que dans l'ordre phisique ou pour le matériel de l'acte.
L'homme seul est cause du défaut de conformité qui le rend vicieux, par le mauvais
choix qu'il fait ; donc il doit aussi être
seul regardé comme la cause du péché.

Bayle reprend, & avouant que *S. Au-
gustin* prouve très-bien par-là aux Manichéens que le péché n'est point une substance, & que par conséquent Dieu n'en
est point cause phisique proprement dite,
il prétend qu'il élude cependant la difficulté plutôt qu'il ne la résoud. En effet,
dit-il, ce n'est ici qu'une question de
nom : le péché sera ce qu'il vous plaira,
il consiste toujours dans la détermination

de l'homme dans laquelle nous fuppofons
que Dieu influe par fon concours : en ce
cas, Dieu eft la caufe auffi proprement
dite que l'homme même. Diftinguer, comme on fait ordinairement, entre le phifique de la détermination même, & ce
qu'elle a purement de relatif ou de moral, ce n'eft plus, ce me femble, répondre, c'eft faire un cercle, & rapporter en
preuve ce qu'on nous contefte.

La difficulté eft fur-tout preffante pour
les défenfeurs de la prémotion ; & on ob-
jectera à tous que la détermination étant
un acte indivifible, tout ce qu'il contient
doit être rapporté également aux deux
caufes qui y influent. Il paroîtroit même
que fi Dieu n'étoit pas, pour cette feule
raifon, caufe du mal moral, il ne le feroit
pas non plus du bien moral. Car enfin,
comme nous l'avons dit, le bien moral
n'eft lui-même qu'un rapport de conformité : or, quoique le mal moral ne foit
que le défaut de cette conformité, il forme cependant une relation ; & les relations d'inégalité font toutes auffi réelles
que les relations d'égalité. J'avoue même
que l'Auteur de l'*Action de Dieu fur la
Créature*, tout fubtil qu'il eft, ne me fa-

tisfait point, quand il eſt pouſſé juſques-là. Dieu, ſelon lui, comme cauſe générale & infinie produit, même en premier, les déterminations de l'homme bonnes ou mauvaiſes ; mais il les produiroit toutes de l'étendue qu'elles doivent avoir, & conformes à l'ordre, s'il n'y trouvoit des obſtacles de la part de la nature finie de l'homme & de ſes diſpoſitions actuelles. Ses amours étant partagés & fixés à de certains objets, Dieu n'en employe qu'une partie, ou les fixe aux mêmes objets ; en un mot, il eſt cauſe efficiente infinie, & l'homme n'eſt que cauſe efficiente finie ; ainſi le défaut vient de lui, & il eſt ſeul cauſe déficiente du péché. Mais ſi on lui demande d'où viennent les obſtacles que Dieu rencontre, & ces diſpoſitions actuelles contraires à la perfection de l'acte, il eſt contraint d'avouer que tout cela vient de la nature même de la Créature qui eſt finie, ou des prémotions précédentes. Or, il n'eſt point coupable du défaut de la Nature, ni des diſpoſitions réſultantes d'une prémotion qui n'a point dépendu de lui. Donc, dans ce ſiſtême, on ne peut ſauver Dieu d'être la cauſe, ſinon phiſique, du moins morale du péché. Les défenseurs du concours simultané évitent ordinairement une partie de ces inconvéniens, mais non pas tous : ils ne font point Dieu Auteur phisique du péché, puisqu'il n'en produit avec l'homme que le matériel ; il n'en est pas non plus cause morale, puisque le concours, selon eux, dépend du choix de l'homme qui peut le déterminer au bien ou au mal ; mais cela n'empêche pas que Dieu n'influe phisiquement dans cette détermination même qui est vicieuse, & qu'ainsi il ne puisse, en un sens, être dit la cause du vice qui s'y rencontre.

Mais cette difficulté disparoît en ne supposant de la part de Dieu, que le mouvement nécessaire qu'il nous imprime, ou l'amour du bien en général qu'il nous laisse les maîtres de diriger & de modifier à notre gré.

Le mouvement est bon phisiquement, & moralement conforme à l'ordre ; la détermination par laquelle nous le divisons, ou nous le dirigeons d'une maniere contraire aux desseins de Dieu, vient uniquement de notre choix. Tout le tort vient de nous qui le fixons aux Créatures, au lieu de nous laisser aller à toute la force qui nous conduiroit au Créateur.

Tout ce qui vient de Dieu dans cette détermination est donc bon, ce qu'il y a de mauvais vient uniquement de nous. Pour éclaircir davantage cette matiere, supposons que Dieu ayant imprimé à des atômes quelconques un mouvement en ligne droite avec la liberté de le diriger de quel côté ils voudront, leur ait cependant prescrit de se mouvoir en forme de quarré, ou parallelement à eux-mêmes; supposons encore que ces atômes, au lieu de suivre les ordres de Dieu, abusant de leur liberté, mettent des obstacles continuels à la direction de leur mouvement en ligne droite, & décrivent par conséquent des lignes circulaires au lieu des paralleles qu'ils devoient suivre.

Il est évident que dans cette hypothese le mouvement qui vient de Dieu est phisiquement bon, & relativement conforme à l'ordre ; mais la direction qui vient des atômes, soit positivement, soit par les obstacles qu'ils mettent au mouvement en ligne droite, est seule défectueuse. Nous sommes ces atômes, les impressions que nous recevons de Dieu, & la liberté qu'il nous donne n'ont rien que

de bon, l'ufage feul que nous en faifons
eft quelquefois mauvais. Il n'y a point à
craindre que ce fiftême nuife à la néceffité de la grace, ni à ce que la foi nous enfeigne, que tout ce que nous avons de
bon vient de Dieu. Car, outre le mouvement général vers le bien que nous te-
nons de lui, nous n'en ferons encore aucun bon ufage, qu'au moyen des lumieres qu'il donnera à notre entendement,
& des motifs qu'il fournira à notre volonté par fa grace; & fi ces fecours moraux
ne contentent pas, on en peut admettre
pour le bien autant de phifiques qu'on
voudra, pourvû qu'ils s'accordent avec
la liberté.

Du refte, je n'empêche pas que les
Thomiftes, ou les défenfeurs du concours, quelconques, ne répondent mieux
aux difficultés propofées que l'Auteur de
l'*Aΰion de Dieu fur la Créature*. Mais je
foutiens, fans vouloir profcrire aucun fiftême permis, qu'il n'en faut point admettre qui puiffe intéreffer la fainteté de
Dieu, fa juftice & fa bonté.

ARTICLE VII.

De la liberté de l'homme.

IL réfulte des deux articles précédens que Dieu ne peut être dit en aucun fens la caufe phifique du péché ; & que la raifon fe démêle très bien des difficultés qu'on veut lui oppofer, tirées de la néceffité du concours, pour prouver qu'il en eft au moins caufe morale. Nous parons jufqu'ici avec avantage tous les coups qu'on veut nous porter, en nous retranchant derriere la liberté de l'homme. Sa nature, difons-nous, eft bonne, fes facultés font bonnes, fes paffions mêmes entrent dans fa conftitution ; tous ces dons naturels, quoique viciés par le péché, font bons : les penchants & les lumieres qu'il reçoit de Dieu font dans l'ordre, & le raniment continuellement, il n'a qu'à s'y laiffer aller & les fuivre ; mais Dieu lui a donné le domaine fur fes propres actes, & il en abufe ; l'ufage qu'il fait de fa liberté eft caufe de tout le mal, c'eft elle qui a introduit le péché, & qui le fait regner dans le Monde.

Cette explication, réplique *Bayle*, eſt ſpécieuſe, c'eſt la ſeule raiſonnable que vous puiſſiez propoſer; » mais cette liber- » té même la croyez-vous inattaquable ? » Dieu a ſans doute donné la liberté aux » hommes avec bonté; il a donc dû les » en dépouiller à quelque prix que ce fût, » plutôt que d'attendre qu'ils y trouvaſ- » ſent leur damnation éternelle, par la » prôduction du péché, monſtre qu'il ab- » horre eſſentiellement. «

» Il n'a point dû la leur donner dès « qu'il a prévu qu'ils en abuſeroient; & » quand il ne l'auroit pas prévu, comme » le diſent les Sociniens pour éviter cette » difficulté, il ne le devoit point encore, » connoiſſant au moins très-certainement » que cet abus étoit non-ſeulement poſſi- » ble, mais très-probable. Quand il a vu » *Eve* prête à tomber, & à plus forte » raiſon, quand, après ſa chûte, il a vu » qu'*Adam* l'imiteroit ſans doute, il ne » pouvoit ſe diſpenſer de retirer ce pré- » ſent funeſte. Sa bonté pour ſes Créatu- » res l'exigeoit, ſon amour pour la juſti- » ce & pour l'ordre, ſon horreur pour le » péché, & ſa ſainteté ne l'exigeoient » pas moins. «

B. Art. Paulicius.

» Les idées de l'ordre ne souffrent point
» qu'une cause infiniment sainte & bonne
» n'empêche pas l'introduction du mal
» moral, si elle le peut, sur-tout lors-
» qu'en le permettant, elle se voit obli-
» gée d'accabler de peines son propre ou-
» vrage. Ainsi votre réponse, quoique
» belle & solide, peut être combattue
» par des raisons plus spécieuses & plus
» éblouissantes. »

A ces raisons *Bayle* joint une multitude
de comparaisons qu'il tourne en cent façons différentes pour rendre la conduite
de Dieu non plus inconcevable, mais plus
odieuse. C'est un pere qui met entre les
mains de son fils furieux le poignard dont
il doit s'assassiner ; une mere qui mene sa
fille au bal où elle sçait que son honneur
doit courir des risques, & qu'il succom-
bera probablement ; c'est l'Ecuyer d'une
Princesse sur le point de se noyer qui,
crainte de déranger sa coëffure, lui refuse
les secours qu'elle ne peut recevoir que
de lui. Mais laissant à part toutes ces comparaisons qui ne font rien au fond, je dis :
1°. Qu'il s'agit ici d'une question de fait
que l'expérience seule peut décider. Or,
que la liberté existe dans les hommes,

c'eſt une vérité que nous atteſte notre propre conſcience, & que ſuppoſent même toutes les objections & de *Bayle* & des Impies. En effet, s'il n'y a point de liberté, il n'y a plus ni bien ni mal moral ; & on perd tout le tems qu'on employe, ſoit à en accuſer, ſoit à en juſtifier la Providence. Or, ſi la liberté exiſte, ce ne peut être, ou que par la néceſſité même de notre nature, ou que par le partage de la Toute-puiſſance entre les deux Principes des Manichéens, ou que par la volonté libre de l'Etre infiniment bon & infiniment ſaint. Si nous devons la liberté à l'eſſence de notre nature, rien n'eſt plus injuſte que les plaintes que nous faiſons d'avoir reçu ce préſent ; & dès qu'il nous eſt eſſentiel, il ne peut être que bon, car la nature des choſes étant néceſſaire eſt néceſſairement conforme à l'ordre, & eſſentiellement bonne. Recourir aux deux Principes de *Manès*, c'eſt, de l'aveu de *Bayle*, donner dans des abſurdités, & ne point lever les difficultés. Si le bon Principe a d'abord créé l'homme ſans liberté, le mauvais n'a pu la lui donner ; ſi le mauvais Principe l'avoit créé avec la liberté, il auroit agi plus conformément

à sa nature en le créant mauvais tout d'un
coup ; s'ils se sont accordés tous deux
pour le créer tel qu'il est, comment expli-
quera-t-on qu'un acte aussi simple que la
création, & déjà par lui-même si inintelli-
gible, puisse être l'effet de deux causes,
& de deux causes essentiellement contraires ? Or, dans ce sistême même, outre un
grand nombre de difficultés qui se pré-
sentent naturellement à l'esprit, on ne jus-
tifie pas plus le bon Principe d'être cause
de l'introduction du mal moral qu'en ne
supposant qu'un seul Dieu. Si on dit qu'il
ne pouvoit mieux faire, & que c'est son
excuse, les Optimistes diront aussi après
Leibnitz, que parmi un nombre infini de
sistêmes du Monde possibles Dieu a choisi,
& n'a pu se dispenser de choisir celui qui
renfermoit le moins de mal, & qui devoit
produire le plus de bien, en un mot, le
meilleur. Si on ajoute que les biens résul-
tans de la liberté sont pour le bon Principe une compensation suffisante des maux
qu'elle peut produire, pourquoi refuse-
t-on de raisonner de la même sorte sur la
conduite de Dieu même ? Reste donc que
nous devons notre liberté au choix libre
de la Bonté & de la Sainteté infinie ; donc

cette liberté n'eſt oppoſée ni à cette Bonté, ni à cette Sainteté , & qu'il y a entre elle & ces attributs divins un moyen de conciliation que nous ne ſommes pas obligés de comprendre.

Mais cette liberté ôte ſi bien tout le tort de Dieu, que les Théologiens dont les ſentimens lui ſont le moins favorables, ſont pourtant forcés d'y avoir recours pour le juſtifier. On peut s'en convaincre par la lecture des livres écrits dans le tems contre *Bayle* par ceux de ſa propre Communion, & par les réponſes qu'ils font tous, quand on leur prouve qu'ils font Dieu auteur du péché.

Long-tems avant *Bayle*, un Proteſtant célebre qui avoit plus de génie que de ſçavoir, quoique ſon ſçavoir ne fût pas mépriſable pour ce tems-là & pour un homme de ſa naiſſance, *Dupleſſis Mornay* traitant la même queſtion que nous, répond ainſi à l'objection de *Bayle*.

» Vous demandez pourquoi Dieu a » fait l'homme libre ? Demandez donc » auſſi pourquoi il l'a compoſé d'une ame » & d'un corps, car c'eſt cette compo- » ſition d'une ame & d'un corps & de la » liberté qui fait & conſtitue l'homme. Il

» falloit donc qu'il ne créât point d'hom-
» mes, ou qu'il les créât tels qu'ils font...
Doctrine lumineufe qui échappe à toutes
les fubtilités de *Bayle*, & qui force l'homme ingrat d'adorer la bonté de fon Bien-
faiteur. Toute la force de cette objection
fe peut réduire à ces deux queftions : la
liberté de l'homme eft-elle effentiellement mauvaife, de forte qu'il ait été contraire à la fainteté de Dieu de la lui donner ; ou fa bonté exigeoit-elle qu'il pri-
vât l'homme de ce moyen de fe rendre
méchant & de devenir malheureux ? Or,
je dis en fecond lieu que c'eft ce que la
raifon ne pourra jamais prouver ; car pour
le premier point nous avons démontré
que tout ce qui eft Etre eft effentiellement
bon : or, la liberté, étant la faculté donnée aux intelligences de fe modifier elles-
mêmes, & le domaine fur tous leurs actes, eft un être & un degré d'être très-
diftingué qui les éleve au-deffus de la matiere & des animaux, & le caractere le
plus marqué de leur reffemblance avec
Dieu.

Je ne fuis point furpris de l'idée de
quelques Philofophes qui ont été fi frappés de la dignité de cette perfection qu'ils

l'ont jugée néceſſaire dans l'Univers. En effet que ſerviroit l'ordre & l'harmonie qui y regnent, ſi nulle intelligence n'en avoit connoiſſance ; mais que ſerviroient les intelligences elles-mêmes ſi, mûes phiſiquement comme les corps, elles n'avoient ſur eux aucun empire, & n'avoient pas la diſpoſition d'elles mêmes ?

Ajoutez avec le Pere *Mallebranche* que ſi Dieu n'a que faire de l'hommage de l'Univers, l'Univers a beſoin de rendre hommage à ſon Créateur ; or, que ſeroit un hommage qui ne ſeroit pas libre ? Et un amour de choix n'eſt-il pas préférable à un penchant invincible qu'on voudroit que nous euſſions reçu ? On nous oppoſe le mauvais uſage que nous faiſons de cette liberté de choiſir, & le prix de l'amour néceſſaire des bienheureux dans le Ciel ! La premiere réponſe n'ajoute rien à l'objection, puiſqu'il eſt toujours vrai que c'eſt par notre faute que nous choiſiſſons mal ; & on la réfute d'ailleurs par un principe inconteſtable qui eſt, que la ſomme des hommages libres rendus à Dieu l'honore plus, & lui plaît davantage, que la ſomme des déſordres ne le déshonore & ne lui déplaît. Et quant à l'amour nécef-

faire des Bienheureux dans le Ciel, on
ne prend pas garde que c'eſt un état de
récompenſe qui ſuppoſe le bon uſage
qu'on a fait de ſa liberté. Les Anges comme l'homme n'y ſont élevés qu'après en
avoir fait l'exercice, & dans cet état même ce n'eſt pas leur liberté qui eſt détrui-
te, ils la conſervent à bien des égards ; &
pour leur amour même envers Dieu, il eſt
libre en ce ſens qu'aucune force phiſique
ne les y entraîne, & qu'ils y ſont déterminés par les mêmes motifs qui inclinent
la liberté, & qu'ils n'en ont point de
contraires.

Cette heuréuſe néceſſité, ils la tiennent de la grace que Dieu leur fait de
s'offrir tel qu'il eſt, aux yeux de leur entendement, & à la ſenſibilité de leur
cœur, infiniment parfait, & infiniment aimable ; il remplit toute leur capacité, &
dès lors ne laiſſe plus lieu ni à des préfé-
rences injuſtes, ni à des irréſolutions dan-
gereuſes. Mais cet état qui eſt une grace
au-deſſus de tout leur mérite, comment
peut-on prétendre qu'il ne fût qu'une juſtice qu'il dût à ſes Créatures, à meſure
qu'elles ſortoient du Néant ? Eſt-ce trop
le leur faire acheter par un moment de

travail & par l'ufage de cette liberté dont il leur prefcrit les regles.

La liberté de l'homme n'eft pas plus contraire à la bonté de Dieu qu'à fa fainteté. Prétendre que Dieu devoit à l'homme plus qu'il ne lui a donné, c'eft vouloir l'affujettir à des regles de caprice. Soit qu'il ait formé le meilleur Monde poffible, comme le prétend *Leibnitz*, foit qu'il ait confervé dans la création des êtres qui le compofent la gradation que fuppofe *Pope*, foit que libre, mais fage dans fes décrets, il l'ait créé tel, de la maniere, & dans le tems qu'il l'a voulu ; il n'a dû autre chofe, & à l'Univers, & à l'homme même, que de ne faire entrer dans leur compofition que des chofes effentiellement bonnes. Toutes les Créatures font bornées de leur nature : Dieu ne pouvoit donc en leur faveur que reculer plus ou moins leurs bornes, encore en les reculant eût-il changé les effences mêmes des êtres, & l'homme ne feroit plus homme, s'il n'étoit, comme difoit tout à l'heure *Dupleffis Mornay*, compofé d'une ame, d'un corps, & de la liberté.

Si, felon les principes de *B. yle*, Dieu devoit faire à fa Créature tout le bien

qu'il peut, il devoit donc étendre les perfections de notre corps & celles de notre
efprit, nous donner, non-feulement fon
amour, mais le plus grand degré d'a-
mour, non-feulement le bonheur, mais
le plus grand bonheur. Nulles bornes dès-
lors à ce qu'il nous devoit : celles de notre nature ne l'excuferoient pas à notre
égard, parce qu'il ne tenoit qu'à lui de
les étendre ainfi de proche en proche,
& de degré en degré : il nous auroit dû
faire non-feulement des Anges, mais des
Dieux. *Bayle* lui-même fe moque des conféquences que tiroient d'un pareil principe certains myftiques, & fur-tout *Ma-
rie d'Agreda*, à propos de la Sainte Vier-
ge, & il a raifon. Nous fommes donc par
les degrés d'être que nous avons reçus,
par l'union de notre ame & de notre
corps, & par le domaine que nous avons
fur l'un & fur l'autre, tels qu'il convient à
notre nature ; infiniment redevables à la
bonté de Dieu de nous avoir élevés au-
deffus du Néant, & fi éminemment dif-
tingués de tant d'autres Créatures forties
de fes mains.

S'il nous avoit créés malheureux, &
nous eût inclinés néceffairement au mal

pour nous en punir, nous ferions fondés
à nous plaindre de fa bonté, & même de
fa juftice. Mais la fomme du bien fur-
paffe celle du mal, comme nous l'avons
prouvé, le mal même préfent n'eft qu'un
moyen de parvenir à un bien infini & immuable qu'il nous promet; & ce moyen,
il nous laiffe libres de nous en fervir, il
nous y aide même par fa grace, & nous
rend ainfi les arbitres de notre fort. Ceux
qui prétendroient à la plus grande fortune feroient-ils tentés de murmurer contre un Roi puiffant qui leur indiqueroit &
leur fourniroit tous les moyens d'y parvenir, en leur laiffant la liberté entiere
de s'en fervir ? Ceux qui lui feroient un
crime de cette liberté même, ne feroient-
ils pas regardés comme des monftres ?
Je ne veux point faire d'application de ce
jugement, & je paffe à une autre objection.

ARTICLE VIII.

Des secours de Dieu, de la Grace, & de la Providence.

» EN supposant la liberté inviolable,
» n'y avoit-il pas assez de moyens de
» prévoir la chute de l'homme ? Il ne s'a-
» gissoit point de s'opposer à un mouve-
» ment corporel, c'est une opposition
» chagrinante ; il ne s'agissoit que d'un
» acte de la volonté..... Il est facile à
» Dieu d'imprimer à la volonté tel acte
» que bon lui semble. Tous les Théolo-
» giens conviennent que Dieu peut pro-
» curer infailliblement un bon acte de vo-
» lonté dans l'ame sans lui ôter sa liberté.
» Une délectation prévenante, la sug-
» gestion d'amitié qui affoiblisse l'impres-
» sion de l'objet tentant, mille autres
» moyens préliminaires d'agir sur l'es-
» prit, & sur l'ame sensitive, font qu'à
» coup sûr l'ame raisonnable fait un bon
» usage de sa liberté, sans y être poussée
» invinciblement. *Calvin* ne le nioit pas
» d'*Adam* innocent, & tous les Théo-
» logiens, même Jansenistes, l'avouent
» de

» de l'homme pécheur. Ils reconnoiffent
» qu'il peut mériter , quoiqu'il agiffe
» avec une grace ou efficace par elle-
» même , ou fuffifante à un tel degré
» qu'elle eft infailliblement fuivie de fon
» effet. Un tel fecours donné à *Adam*
» l'eût donc infailliblement empêché de
» tomber , fe fût très-bien accordé avec
» l'ufage de fon franc-arbitre , ne lui eût
» fait fentir aucune contrainte , ni rien de
» défagréable , & eût laiffé occafion au
» mérite. Vous voilà donc chaffés de tous
» les retranchemens. Dira-t-on que Dieu
» ne doit rien à l'homme ? Mais il fe doit
» tout à lui-même , il n'a pu agir contre
» fon effence ; or , il eft de l'effence d'une
» Majefté & d'une bonté infinie qui peut
» tout , *de ne point fouffrir l'introduction du*
» *mal moral , & du mal phifique.* «

J'obferve d'abord qu'il n'eft pas fi facile que *Bayle* le fuppofe ici d'accorder la
liberté de l'homme avec les fecours infailliblement efficaces de Dieu. Tous les
Théologiens fe réuniffent pour en foutenir la poffibilité ; mais l'Auteur dit lui-
même après *Jurieu* , que ceux des différentes écoles renverfent réciproque-
ment les fiftêmes les uns des autres. L'un

Tome I.   F

& l'autre ont soutenu que celui des Jansenistes détruit aussi réellement la liberté d'indifférence & de choix que celui de *Luther* & de *Calvin*. Il cite ailleurs le bon mot prétendu d'un Abbé ; que les sistêmes Calviniste, Janseniste, Thomiste, & Moliniste, sur la liberté forment comme un carrefour ; qu'on a des motifs d'éviter ces quatre chemins, tirés du Concile de Trente contre le premier, des nouveaux Décrets contre le second, de la raison contre le troisieme, & de S. Paul contre le quatrieme.

Il est vrai que la raison est bien embarrassée à accorder la liberté avec les secours prédéterminants des Thomistes, & qu'expliqués comme ils le font par l'Auteur de l'*Action de Dieu sur la Créature*, ils lui sont opposés. Elle démontre que les sistêmes Janseniste & Calviniste la détruisent en entier ; reste donc celui des Molinistes plus ou moins mitigé, qu'il prétend contraire à l'Ecriture Sainte, & par conséquent faux. D'ailleurs, que n'ont pas dit les Jansenistes, les Calvinistes, & même les Thomistes, pour persuader que les secours de l'espece de ceux qu'on admet dans ce sistême, outre qu'ils

font indignes de Dieu, de fa toute-puiffance, & de fon fouverain domaine fur
fes Créatures, ne peuvent encore être
regardés comme infailliblement efficaces?
Car enfin, difent-ils, dès qu'ils font ver-
fatiles, & foumis au libre arbitre de l'homme, qu'il peut, s'il le veut, les priver de
leur effet, qu'il ne tient qu'à lui de le
vouloir, & qu'il eft à cet égard abfolument libre d'une liberté d'indifférence, il
n'y a nul inconvénient à fuppofer qu'il le
faffe quelquefois.

Je ne prétends point admettre ces objections, mais je prétends que *Bayle* n'eft
pas de bonne foi, ou ne raifonne pas conféquemment, quand après avoir pofé le
libre arbitre de l'homme comme inviolable, il prétend nous fournir un moyen
qui s'accorde clairement avec la raifon,
pour que Dieu le gouverne à fon gré,
fans lui donner la moindre atteinte, &
puiffe ainfi prévenir l'introduction de tout
mal, fans rien prendre fur le libre arbitre.

Mais, comme il s'en faut beaucoup
que je ne regarde toutes les difficultés fur
cet accord comme fi férieufes que *Bayle*,
je ne me contente pas de cette réponfe

qui n'eſt bonne que contre lui, & contre ceux qui penſent comme lui. Je viens donc au fond même de l'objection, & en reconnoiſſant que Dieu peut réellement gouverner la volonté de l'homme comme il lui plaît, ſans attaquer ſa liberté, je vais tâcher de juſtifier la conduite qu'il tient en ne faiſant pas de ce pouvoir tout l'uſage que nous exigerions. Voici cette objection réduite à ſes plus ſimples termes.

》 Il eſt de l'eſſence d'une Sainteté & 》 d'une Bonté infinie qui peut tout, de 》 ne point ſouffrir l'introduction du mal 》 moral & du mal phiſique. 《

On continue de faire marcher ſur deux lignes paralleles, ces deux principes excluſifs de la permiſſion du mal, la ſainteté de Dieu & ſa bonté; il faut les conſidérer chacun ſéparément, pour ne pas tomber dans le défaut perpétuel de l'Auteur que nous réfutons, & pour éviter le piége qu'il tend en ne raiſonnant preſque jamais ſur des principes ſimples.

Il ſeroit eſſentiellement contraire à la ſainteté de Dieu, qu'il fût cauſe phiſique du péché, ſoit générale, ſoit partielle; ce ſeroit encore l'attaquer, que de ſup poser qu'il en fût cause morale, soit en nous inclinant au mal, soit en nous y donnant un penchant nécessaire ou même naturel, soit en nous prédéterminant sans aucun égard à nos dispositions présentes, soit en nous tentant, soit en nous plaçant exprès dans des circonstances où il verroit que nous devrions tomber. Mais créer des intelligences libres, & leur laisser l'usage entier de leur liberté, ne sont point des choses qui répugnent à l'idée de la sainteté.

On se trompe, si l'on croit que l'horreur que Dieu a du péché puisse lui causer la moindre inquiétude, le moindre chagrin, la moindre diminution de bonheur; amateur de l'ordre, & l'ordre lui-même, il est la source de toute justice; il ne peut donc approuver aucun désordre, aucune injustice, il en doit même être le vengeur; mais sa sainteté n'est ni altérée ni blessée par ces désordres auxquels il n'a point d'autre part que de les juger, & de les punir. Les notions les plus simples nous instruisent que s'il n'est jamais permis de faire un mal pour un bien, l'amour du bien même souffre & exige quelquefois qu'on permette certains maux, ou pour en éviter de plus grands , ou pour en faire réfulter un grand bien : nous louons tous les jours la conduite fage des Magiftrats , des Rois , des Légiflateurs , & des Saints mêmes qui en agiffent de la forte.

Si on m'oppofe que Dieu étant auffi puiffant que faint, peut prévenir les plus grands maux , fans en permettre de moindres , & procurer les plus grands biens , fans le mélange d'aucun mal ; cela eft vrai abfolument parlant , & en faifant abftraction de toute circonftance & de toute hypothefe , de tout fiftême général, & de tous deffeins particuliers ; mais cela eft faux , en fuppofant, comme il eft vrai , qu'il fe foit fait un plan de conduite dirigé par fa fageffe , auquel fon immutabilité ne lui permet pas de donner atteinte.

Si Dieu a établi un certain nombre de loix générales par lefquelles il veuille gouverner l'Univers , & fi , felon ces loix , l'ufage de notre libre arbitre doit nous être abandonné ; fi les circonftances qui feroient néceffaires pour en procurer un bon ufage , font contraires à d'autres qui entrent dans l'ordre de fes deffeins ;

il eſt évident que malgré ſa puiſſance, il
ne peut plus procurer ces circonſtances,
parce qu'étant immuable, il ne peut rendre nuls ſes décrets éternels.

Cette ſolution réſout d'avance le raiſonnement qu'on tire de ſa bonté. Elle le
porteroit ſans doute à conſerver toutes
les Créatures dans l'ordre où il les fait
naître, à prévenir tout abus de leur liberté, & le malheur qui en doit être la
peine. Mais la bonté même ne s'oppoſe
point à ſes autres attributs, & les loix
qu'a dictées ſa ſageſſe lui ſont auſſi ſacrées
que ſa ſainteté & ſa puiſſance. S'il n'avoit
en vûe que la perfection d'une ſeule Créature & ſon bonheur, il ſçauroit procurer
l'une & l'autre par des moyens infail-
libles.

Mais, qui peut ſonder la profondeur
de ſes deſſeins, & l'infinité des vûes qu'il
s'eſt propoſées en créant l'Univers? Les
moyens dont nous voudrions qu'il ſe ſer-
vît pour prévenir tel ou tel mal, ſeroient
contraires à quelques-unes de ſes vûes,
dérangeroient l'harmonie de ſon plan.

Nous avons fait voir dans l'article pré-
cédent qu'il y auroit une ingratitude
monſtrueuſe à ſe plaindre d'un Prince qui

nous offriroit la plus haute fortune, en
nous donnant tous les moyens de l'acquérir, & nous laissant les maîtres de nous
en servir : on veut ici que le Prince soit
obligé de nous prendre par la main, &
de nous diriger pas à pas dans l'usage de
ces moyens ! Mais premierement, il ne
le doit à aucun titre ; les hommes qu'il
veut élever étoient des esclaves qu'il a
faits libres, qui ne lui ont rendu aucun
service, dont il n'a nul besoin, qu'il a
cependant choisis, & comblés déjà de
plusieurs graces, en leur en promettant de
beaucoup plus grandes qu'il attache à des
conditions qui ne dépendent que d'eux.
Il est clair que ce Prince est non seulement juste à leur égard, mais bon & très-
bon. S'ils se plaignent de ce qu'il ne fait
pas plus pour eux, ne méritent-ils pas
de rentrer dans les fers dont il les a tirés, & d'y être traités avec la plus grande rigueur ? La comparaison est claire,
& n'a pas besoin d'être développée ; il s'y
trouve même des différences considéra-
bles qui relevent toute la bonté infinie de
Dieu, & aggravent l'ingratitude de
l'homme murmurateur. Dieu ne devoit
rien au Néant dont il nous a tirés ; il nous

a donné l'être & un degré d'être très-fu-
blime. Il a daigné nous donner des caracteres de reffemblance avec lui, il a
voulu que notre liberté, l'un de ces caracteres, nous fervît à mériter, en lui
rendant l'hommage le plus naturel & le
plus légitime; il fait plus, il nous fecourt
de fa grace, afin que nous faffions un
faint ufage du libre arbitre affoibli par le
péché. Exiger qu'il dirigeât encore lui-
même l'ufage de cette liberté, ou qu'il le
prévînt par le bonheur qu'il en vouloit
faire la récompenfe, c'eft des bienfaits
mêmes qui n'étoient point dûs, vouloir fe
faire un titre plus grand, & fubflituer
l'ingratitude à la reconnoiffance ; c'eft affujettir la fageffe même à fes propres caprices, & demander tant au Tout-puiffant, que fa puiffance même, à les entendre, ne pourroit traiter dignement des
êtres tirés du Néant.

Mais, comme nous venons de le dire,
fi Dieu n'a dû ni à titre de juftice, ni à
titre de bonté, ce que nous exigerions,
il ne l'a même pu en conféquence de fes
décrets.

Le défaut général des raifonnemens
de *Bayle*, eft de ne confidérer Dieu que

F v

comme une cause particuliere, dont on croit connoître le dessein & toutes les vûes. C'est au contraire une cause générale dont les desseins sont dignes de sa sagesse, & impénétrables, dont les vûes font dignes de son intelligence, & infinies.

La raison pourroit donc prononcer de ce qui cadre ou non avec un dessein qu'elle connoitroit, avec un plan qui lui seroit développé, avec des vûes qu'elle auroit approfondies. Elle pourroit dire si tel ou tel secours, si telles ou telles circonstances pouvoient prévenir la chute d'*Adam*, sans rien déranger à l'économie de la Providence. Mais ne sçachant de cette Providence même que ce qu'elle nous en révele, soit par les lumieres naturelles, soit par celles de la foi, & ce que nous en sçavons se bornant à la supposer également juste, sage, & remplie de bonté, comment pouvons-nous déterminer ce qu'elle a dû, ou non, admettre dans son plan ? Nous sentons la foiblesse de nos lumieres, pour juger de l'harmonie des différens ressorts qui composent l'Univers ; ceux du moindre corps organisé les surpassent. Nous n'oserions décider d'une

machine de méchanique par la simple vûe
de son extérieur ou de ses effets, & nous
voulons juger la sagesse même du Créateur de tous les corps organisés, & de
l'Univers ?

Pope est rempli de traits lumineux &
de réflexions sages, propres à confondre
notre orgueil ; écoutons-le un moment....

Tu ne peux d'un regard voir les ressorts divers
Dont le parfait concert entretient l'Univers ;
Pénetrer par quel art la Puissance suprême
Des tourbillons errans a réglé le sistême ;
Parcourir les soleils, les globes radieux,
Et ces êtres divers qui remplissent les Cieux ;
Et tu veux des décrets qui formerent le Monde
Comprendre clairement la sagesse profonde !
Dans les liens du corps ton esprit arrêté,
Au céleste Conseil a-t-il donc assisté ?

Dans l'homme, tel qu'il est, ce qui paroît un
    mal
Est la source d'un bien dans l'ordre général.
L'œil, qui ne voit d'un Tout qu'une seule partie,
Pourra-t-il la juger bien ou mal assortie ?

Si l'ordre eſt affermi par d'affreuſes tempêtes ,
Pourquoi donc croirez-vous que de coupables
　　têtes ,
Qu'un *Neron*, qu'un *Cromwel* puiſſe le renverſer ?
C'eſt un ſecret orgueil qui vous le fait penſer.
Mais Dieu ne peut-il pas aſſujettir le vice
A ſervir aux deſſeins formés par ſa juſtice ?
La raiſon doit porter un jugement égal
Sur l'ordre naturel & ſur l'ordre moral.
Le Ciel, dans le premier, vous paroît équitable ,
Pourquoi dans le ſecond ſeroit-il condamnable ?
Sur ces points au-deſſus de notre entendement ,
L'eſprit ne peut former qu'un vain raiſonne-
　　ment.

　·　　·　　·　　·　　·　　·　　·　　·

L'éternel Artiſan qui tira tout de rien ,
Et qui du ſein du mal fait éclore le bien ,
De nos penchants ſecrets employant la puiſſance ,
Décide notre cœur , en fixe l'inconſtance.
Du ſein des paſſions ne voit-on pas ſortir
Les vertus dont l'effet peut moins ſe démentir ;
Comme d'un ſauvageon , par une greffe utile ,
De fruits délicieux ſort un arbre fertile ?

　·　　·　　·　　·　　·　　·　　·

Chacun cherche ſon bien : mais tous d'un pas
　　égal
Marchent ſans y penſer vers le bien général.

C'eft à ce grand deffein que le Maître fuprême
Fait fervir les efforts de la malice même ;
Les complots les plus noirs, le caprice, l'hor-
    reur,
Les défauts de l'efprit, les foibleffes du cœur.
Qu'eft-ce qu'un mal phifique ? Un changement
    contraire
Aux loix de la Nature en fon cours ordinaire.
Qu'eft-ce qu'un mal moral ? Un trifte égare-
    ment
De notre volonté qui change à tout moment.
Dieu feul auteur du bien, en formant toute chofe,
Du défordre & du mal ne peut être la caufe ;
Sa fageffe immuable, en formant l'Univers,
Laiffe un mouvement libre à fes êtres divers.
L'homme voit dans le mal une flatteufe amorce ;
L'admettant dans fon fein, il en accroît la force.
Ne penfez pas que Dieu, comme un timide Roi,
Changeant à votre gré fa primitive Loi,
Pour quelques favoris qu'il adopte, & qu'il aime,
De ce vafte Univers dérange le fiftême.

Le Philofophe Anglois ne fe contente
pas de nous remettre fous les yeux les
bornes de notre efprit, & la difproportion de fes lumieres avec l'étendue des
deffeins de Dieu qu'il veut comprendre.

Il pose le grand principe que nous venons d'indiquer ; il fait voir un siftême général, une subordination des parties au Tout, & des moyens à la fin. Il établit que ce qui nous paroît un mal particulier eft toujours un bien général ; que Dieu fçait de nos paffions, de nos vices, & du fond de notre malice, faire fortir l'exécution des deffeins conçus par fa fageffe. Ce ne font pas les parties de détail qui peuvent mettre à portée de juger des rapports, c'eft le Tout, c'eft l'enfemble qu'il faut confidérer pour les comprendre. Notre liberté donc, & le mauvais ufage que nous en faifons, en s'éloignant de l'ordre, & paroiffant déranger l'économie des deffeins de Dieu, concourent cependant à notre infçu, & fouvent malgré nous à leur parfait accompliffement. Il a tout prévu : tout eft entré dans fon plan ; & par le même décret qu'il a voulu la liberté de l'homme, & qu'il en a permis l'abus, il a ordonné tous les effets qu'il a voulu en faire réfulter. Si, comme caufe particuliere, on pouvoit lui reprocher de n'avoir pas tiré les mêmes effets du bien feul, il eft évident que, comme caufe générale, il eft à l'abri de ce reproche. Se-

roit-il raifonnable de juger de la fageffe
& de la bonté d'un Roi , je dis même de
celui qui ambitionneroit le plus l'aimable
qualité de Pere des Peuples , par le malheur de quelques-uns de fes Sujets qui ne
feroit qu'une fuite des foins qu'il fe donneroit , & des loix qu'il établiroit , pour
rendre fon Royaume entier floriffant &
heureux ? Voudroit-on qu'il fît de cha-
ques Citoyens autant de Nobles , ou ,
qu'en les difpenfant tous du travail &
des charges publiques , il rendît certaine
la chûte de tout fon Empire , pour lui
avoir voulu procurer les avantages dont
la Société humaine n'eft pas capable ?
Taxera-t-on un Général d'ignorer l'art
de la guerre , ou de ne pas faire de la vie
des hommes le cas qu'il doit , pour avoir
facrifié une portion de fon armée au falut
de l'armée entiere , ou à la défenfe d'un
pofte dont dépendoit le fuccès d'une cam-
pagne & d'une guerre ?

La conféquence que vous voulez tirer
feroit légitime , diront les efprits forts ,
fi vos comparaifons étoient juftes. On ne
peut rien reprocher ni au Roi ni au Général dont vous parlez , parce qu'on fuppofe qu'ils ne peuvent mieux faire , qu'ils

n'imaginent pas d'autre reffource , ou qu'ils n'ont pas le pouvoir de les mettre en œuvre. Mais il n'en eft pas de même de Dieu : auffi intelligent que puiffant , il voit une infinité de manieres d'exécuter fes deffeins ; & fa puiffance lui fournit tous les moyens que demande fa fageffe. Il a donc pu procurer le bien général , fans faire entrer dans fon fiftême aucun mal ni phifique , ni moral.

Cette inftance eft fpécieufe , mais au fond elle n'eft pas folide : pour qu'une comparaifon foit jufte , il n'eft pas néceffaire qu'elle le foit fous tels rapports , il fuffit qu'elle foit exacte fous celui qui fert au développement de la queftion qu'on traite. Or , nous pouvons fuppofer que le Général & le Roi dont nous parlons ayent le degré de lumiere & de puiffance qu'il leur faut , pour remplir leurs deffeins qui font bornés , de même que la puiffance & l'intelligence de Dieu qui font infinies , fuffifent à des deffeins fans bornes. Si donc le Général n'avoit d'autre deffein que de fauver la vie de tous fes foldats , il ne le rempliroit point en expofant même le plus petit nombre pour le falut des autres : des marches fçavantes , des campemens avantageux, une vigilance exacte, & sur-tout de bons retranchemens, seroient les moyens qu'il devroit employer. Mais si son projet est de couvrir les frontieres de son pays, d'en éloigner l'ennemi, de prévenir la prise d'une Place importante, ou de faire lui-même la conquête de quelque Province, en un mot, de procurer à sa patrie de grands avantages, en ménageant autant qu'il est possible ses finances, & sur-tout ses hommes; on sent qu'alors la conduite que nous venons d'indiquer, seroit peu propre à remplir ses vûes, & marqueroit la plus grande incapacité. Il en est de même de Dieu: s'il ne vouloit que le bon usage de la liberté de chaque homme, il lui seroit aisé de le procurer; mais il a un dessein général qu'il veut & doit remplir, sans avoir égard aux maux particuliers qui en peuvent résulter. Dans ce dessein entre non-seulement la liberté de l'homme, mais le pouvoir que chacun a d'en faire l'usage qu'il voudra, sans y être ordinairement dirigé par une providence spéciale qui dérogeroit au plan général. Il peut sans doute, & quelquefois il veut donner un secours spécial à tel homme, en telle circonstance ; mais sa loi générale est de l'attacher à de certaines conditions, que sa volonté libre & infiniment sage a prescrites. Les cas rares où il s'écarte de cette conduite, n'en sont pas même, à proprement parler, des exceptions ; ils ont été prévus, voulus, & ordonnés, en dressant le plan général auxquels ils étoient nécessaires, & dans lequel ils entroient. Dire donc que Dieu a pu prévenir le mauvais usage de la liberté de chaque homme, sans s'écarter de son sistême, & être cependant obligé de convenir que ce sistême pouvoit être d'abandonner cet usage à la disposition de l'homme, c'est soutenir deux choses contradictoires. Il le pouvoit sans doute, comme cause particuliere, & antécédemment à ses décrets ; mais comme cause générale, & posés ses décrets, il ne le peut plus. Ce n'est pas plus restraindre sa puissance, qu'en disant qu'il ne peut faire à la fois d'un même bloc de matiere, un cube & un cylindre.

Votre distinction est subtile, poursuivra l'esprit fort ; votre hypothese paroît d'abord lever la difficulté, mais elle en laisse une insurmontable, si Dieu même, comme cause générale, a pu faire un plan dans lequel n'entraſſent aucuns des inconvénients qui nous bleſſent. Voici cette inſtance expoſée dans toute ſa force, dans la quinzieme des penſées philoſophiques.

ARTICLE IX.

Suite du même ſujet , & de l'Op-timiſme.

» SI les merveilles qui brillent dans
» l'ordre phiſique , décelent quelque
» intelligence , les déſordres qui regnent
» dans l'ordre moral , anéantiſſent toute
» providence. Je vous dis, que ſi tout eſt
» l'ouvrage d'un Dieu , tout doit être le
» mieux qu'il eſt poſſible , autrement c'eſt
» en Dieu impuiſſance , ou mauvaiſe vo-
» lonté. C'eſt donc pour le mieux que je
» ne ſuis pas plus éclairé ſur ſon exiſten-
» ce : cela poſé , qu'ai-je affaire de vos
» lumieres ? Quand il ſeroit auſſi démon-
» tré qu'il l'eſt peu , que tout mal eſt la
» ſource d'un bien , qu'il étoit bon qu'un
» *Britannicus* , que le meilleur des Prin-
» ces périt ; qu'un *Neron* , que le plus

» méchant des hommes regnât ; comment
» prouveroit - on qu'il étoit impossible
» d'atteindre au même but, sans user des
» mêmes moyens ? Permettre des vices
» pour relever l'éclat des vertus, c'est un
» bien frivole avantage pour un incon-
» vénient si reel ! Voilà, dit l'Athée, ce
» que je vous objecte : qu'aurez-vous à
» répondre ? . . . . Que je suis un
» scelerat, & que si je n'avois rien à crain-
» dre de Dieu, je n'en combattrois pas
» l'existence ! «

   » Laissons cette phrase aux déclama-
» teurs, elle peut choquer la vérité, l'ur-
» banité la défend, & elle marque peu de
» charité. Parce qu'un homme a tort de
» ne pas croire en Dieu, avons-nous rai-
» son de l'injurier ? On n'a recours aux
» invectives, que quand on manque de
» preuves. Entre deux Controversistes,
» il y a cent à parier contre un que celui
» qui aura tort se fâchera . . . . Tu
» prends ton tonnerre au lieu de ré-
» pondre, dit *Menippe* à *Jupiter*, tu as
» donc tort. «

Comme l'Auteur des Pensées philoso-
phiques met cette objection dans la bouche d'un Athée, je lui adresse ma pre-

miere réponfe. Je ne vous entends pas,
lui dis-je ; qu'eft - ce que ces défordres
dont vous vous plaignez dans l'ordre moral, & qui vous font conclure avec tant
d'affurance qu'il n'y a ni providence, ni
Dieu ? S'il n'y a point de Dieu, il n'y a
point de bien ou de mal moral, il n'y a
rien d'abfolu, rien d'immuable ; pofez-
moi des principes invariables fur cela,
établiffez-moi clairement leur différence ;
c'eft ce qu'aucun n'a encore fait ni pu
faire.

Tout fe réduit pour vous à des vertus
ou à des vices politiques, & fi on vous
pouffoit, vous feriez obligé de recourir
à la néceffité, Auteur de tout, & vous
feriez forcé de la reconnoître pour regle
de toutes vos actions, comme a fait *Spinofa*, parce qu'il a raifonné conféquemment.

Il eft abfurde à l'Athée d'exiger que
nous lui prouvions qu'on ne pouvoit parvenir à une fin par d'autres moyens. Notre thefe eft démontrée ; c'eft à lui à nous
combattre, & à nous découvrir ce fiftême qu'il croit poffible fans aucun défaut :
pour moi, je l'en défie, & j'avance avec
hardieffe qu'il eft de la nature de tout

être fini de ne pouvoir atteindre à la perfection ; parfait & infini font finonimes.

Mais ce que demande ici l'Athée, on le lui demande dans plufieurs fiftêmes : la bafe de celui de *Leibnitz* & de *Volf*, adopté par l'Abbé d'*Houteville*, Madame la Marquife du *Chatelet*, & plufieurs autrès, eft le grand principe de la raifon fuffifante. Or, de ce principe réfulte, felon eux, qu'une caufe fouverainement intelligente & fage, telle que Dieu, voyant tous les Mondes poffibles, & calculant les effets de toutes les combinaifons imaginables, n'a pu fe déterminer que pour celles qui produifoient le plus de bien avec le moindre mélange de mal qui foit poffible. On voit même que le principe qu'on nous oppofe ici, eft tiré de leur fiftême. On ne peut certainement donner l'idée d'aucun plan entier qui foit préférable à celui dont nous voyons l'exécution. Il n'y a même pas de milieu en admettant ce principe : ou le Monde eft l'ouvrage de Dieu, ou il eft néceffaire par lui-même. Dans la premiere hypothefe, tel qu'il eft, on doit le fuppofer le plus parfait, puifque la perfection étoit la feule raifon fuffifante qui pût déterminer Dieu à le créer. Dans la seconde, le Monde est non-seulement le plus parfait, mais même le seul possible dans le tems présent, puisque la nécessité qui a présidé à sa formation, exclut toute contingence, & tout choix ; je pourrois ajouter avec *Spinosa*, puisqu'il est lui-même la souveraine perfection, & ma conséquence seroit liée avec l'hypothese.

Pope donne encore une autre tournure à ce sistême. Il suppose une liaison & une harmonie dans toutes les parties de l'Univers, une gradation entre tous les êtres qui le composent, en s'élevant depuis le dernier atôme par les êtres végétaux, sensitifs & animaux, aux hommes, aux Anges, aux intelligences supérieures, & à Dieu même. C'est une chaîne dont il prétend qu'on ne peut ôter ni déplacer le moindre chainon, sans troubler l'ordre universel, ébranler le Monde jusques dans ses fondemens, & le faire rentrer dans le cahos.

Le Pere *Mallebranche* aussi Philosophe que les deux Auteurs de sistême, nous en offre un aussi capable de satisfaire la raison, & qui a cet avantage sur les deux autres, qu'il prend la Religion même par son fondement.

Dieu, dit-il, se suffit à lui-même : il n'a nul besoin ni des hommages, ni de l'amour de personne : la gloire extérieure lui est étrangere, nulle Créature ne peut lui en procurer. Il n'avoit donc que faire d'agir au-dehors, & il étoit parfaitement indifférent à son bonheur de créer un Monde, ou de n'en point créer. Mais, en supposant que sa bonté l'ait déterminé à donner l'existence à un certain nombre d'êtres possibles, comme il agit toujours, non selon un seul de ses attributs, mais par le rapport immuable qui est entr'eux ; il étoit convenable à sa sagesse qu'il ne se bornât pas à la création de la matiere. Quelque ordre, quelque beauté qu'il mît dans son arrangement, comme ce spectacle ne pouvoit rien avoir d'intéressant pour lui, il eût été inutile, s'il n'y avoit ajouté des intelligences qui pussent en juger, en jouir, en faire usage, & lui en rendre graces. Il étoit même à propos pour cela, que ces deux êtres si différens eussent un lien & un point de réunion ; de-là, l'union de l'ame avec le corps qui forme l'homme.

Ses facultés spirituelles lui donnent quelque caractere de ressemblance avec

Dieu,

Dieu, & par son corps il tient à la matiere : en ce sens donc le Monde est fait
pour lui, Dieu l'en établit le Roi, mais il
doit aussi en être le Pontife.

Il doit porter à son Créateur les hommages de toutes les Créatures, les lui sa-
crifier toutes & soi-même par ses actions
de graces, ses adorations, & son amour.

Car Dieu pouvoit se passer de créer,
mais en créant, il ne pouvoit avoir d'autre fin que lui - même, ni en donner
d'autre à ses Créatures. Il étoit encore
convenable que cet hommage rendu par
l'homme, fût un hommage libre, que cet
amour fût un amour de choix. C'étoit le
seul moyen de le rendre méritoire pour
l'homme, & plus agréable à Dieu. Mais,
avec cela même, on sent aisément la disproportion qui reste entre l'Univers, dût-
on y ajouter à l'infini des êtres aussi supé-
rieurs à l'homme qu'il l'est lui-même aux
moindres atômes, & l'Auteur infini du
même Univers.

Le Pere *Mallebranche* prétend que cette disproportion est telle que le rapport
est nul : il est du moins infiniment petit,
puisque la disproportion est infinie. Il en
conclut que la perfection de cet Univers,

quelle qu'elle puiſſe être, en la bornant à l'ordre naturel, n'eût pas été un motif capable de déterminer la ſageſſe de Dieu à vouloir ſortir de ſon repos pour le créer. Il ajoute que le bonheur naturel dans lequel l'homme auroit été créé, de la poſſeſſion & de l'augmentation duquel il pouvoit s'aſſurer par le bon uſage de ſa liberté & de ſon obéiſſance, n'étoit pas non plus aſſez digne de ſa bonté, pour qu'il ſe contentât d'en faire jouir les intelligences qu'il avoit rendues capables de le connoître & de l'aimer, & auxquelles il avoit donné une eſpece d'inſatiabilité qu'un tel état ne pouvoit remplir. Il ſuppoſe donc en Dieu pour la création même de l'Univers, un deſſein bien plus vaſte, & plus digne de lui. Son projet n'a jamais été de le borner à l'ordre naturel, mais il a toujours eu celui de l'anoblir, & de l'élever en quelque ſorte à lui, par l'union hypoſtatique du Verbe avec la Nature humaine. Par-là nôtre Nature élevée à un degré de grandeur inconcevable, peut rendre à ſon Auteur, & en ſon nom, & pour l'Univers dont l'homme eſt le Pontife, un hommage qui lui ſoit vraiment agréable, & qui ſoit même digne de lui.

L'Incarnation du Verbe & la formation de son corps mistique ont donc été le vrai but de la création du Monde. Le plan général de sa création, & de son gouvernement a été dreffé d'après ce deffein; tout s'y rapporte, tout y concourt, le péché même du premier homme, que Dieu avoit prévu devoir réfulter du mauvais ufage de sa liberté, n'eft point étranger à ce plan. Dieu ne vouloit pas ce péché, mais il le permettoit, fçachant les biens qu'il fçauroit produire à l'occafion de ce péché même. Attaquant sa Majefté infinie, il ne pouvoit être fuffifamment expié par l'homme feul, qui d'ailleurs fe voyoit précipité fans reffource de l'état heureux, mais naturel, où il fe trouvoit par la création, dans le comble du malheur. En fuppofant même la perfévérance de l'homme dans le bien, la juftice de Dieu s'oppofoit en quelque forte à ce qu'il le fît jouir d'un bonheur furnaturel que fa bonté eût voulu lui donner. Mais, pofé ce péché, Jefus-Chrift s'offre & l'expie pour tous les hommes, il fe rend médiateur entr'eux & Dieu; & fes mérites infinis font fuffifans, non-feulement pour effacer le péché, mais pour mériter des graces d'un ordre furnaturel, & élever les mérites de l'homme, en les uniffant aux fiens, à un degré tellement proportionné au bonheur que la bonté de Dieu défiroit leur communiquer, que fa juftice même n'y peut plus trouver d'obftacles.

Quelque grand que foit ce fiftême, adopté par M. de *Gamaches*, je ne m'arrête pas à en examiner la folidité ; il me fuffit qu'il foit raifonnable & bien lié dans toutes fes parties, pour en conclure que les lumieres naturelles, bien loin de trouver de la contradiction entre les attributs de Dieu & fes ouvrages, y voyent même un merveilleux accord. Et fi la raifon humaine peut s'élever à ces fublimes fiftêmes, que penfer de celle qui ne veut pas que la fageffe Divine ait pu en former un fans comparaifon plus parfait, & qui leve toutes les contradictions apparentes ?

Au demeurant, le fiftême du Pere *Mallebranche*, par rapport à la mort de Jefus-Chrift, pofé le péché, en ce qu'il le fuppofe le terme & le moyen de tout ce qui fe paffe dans l'ordre furnaturel, eft celui de tous les Théologiens ; & S. Paul même l'a clairement enfeigné. Il ne lui

eſt donc perſonnel que dans l'hypotheſe
par laquelle il ſuppoſe, que l'Incarnation
du Verbe a tellement été le motif déterminant de la Création, que quand même
le péché n'eût pas eu lieu, le Verbe ſe
fût toujours fait homme. Mais cette hypotheſe même n'a rien de contraire à la
foi ni à la raiſon, en la reſtraignant,
comme il fait, à un motif ſuffiſant, mais
non néceſſaire, qui ait déterminé Dieu à
créer. J'aurois pourtant de la peine à
adopter cette idée dans toute ſon étendue, quelque belle qu'elle ſoit, & à prétendre avec lui que Dieu n'eût pû ſe déterminer à créer ſans ce motif. On va voir
les raiſons de ma retenue dans l'examen
du principe même qu'on m'oppoſe, ou de
l'Optimiſme.

Si tout eſt l'ouvrage d'un Dieu, tout eſt
le mieux qu'il ſoit poſſible ; voilà le principe : or ce principe qui paroît frappant
d'abord, eſt fort équivoque, & ſujet à de
grands inconvéniens. Je dis d'abord qu'il
eſt équivoque, car, comme diſoit M. de
Voltaire dans un des précédens Articles,
les termes de bon & de meilleur peuvent
s'entendre en pluſieurs ſens. Il y a le bon
abſolu, & le bon relatif : le bon ab-

folu n'eſt autre choſe que l'être, & tout ce qui exiſte eſt bon en ce ſens d'une bonté phiſique, plus ou moins, ſuivant qu'il participe plus ou moins à l'être. Dieu ſeul eſt bon vraiment, généralement, & ſans reſtriction.

Le bon relatif eſt ce qui peut cauſer quelque bien à d'autres êtres, ſoit dans l'ordre phiſique, ſoit dans l'ordre moral. Or, tous les êtres ſe partagent entre le Créateur & la Créature : ſi donc on entend par le meilleur, que Dieu ait été obligé de créer des êtres tellement bons d'une bonté abſolue, qu'ils ne puſſent être meilleurs, cela implique contradiction. Un Monde tellement parfait qu'il ne pourroit l'être davantage abſolument, ſeroit infini en immenſité, comme en durée ; la puiſſance de Dieu ſe ſeroit donc épuiſée à le former, & la Créature ſeroit égale à ſon Créateur ; Dieu ne pourroit plus rien créer ; il ne pourroit anéantir aucuns des êtres à qui il auroit donné naiſſance, parce qu'il feroit tort à leur immenſité ; il ne pourroit, à plus forte raiſon, anéantir ce Monde même, puiſqu'il détruiroit ſon éternité ; Dieu ne ſeroit donc plus ni libre, ni puiſſant, & ne

conferveroit pas fon fouverain domaine
fur ce Monde qu'on fuppoferoit fon ouvrage. Sa providence n'auroit pas plus de
lieu pour fon gouvernement : parfait & infini en tout genre, il auroit reçu une activité infinie qui s'oppoferoit à toute action étrangere fur lui. Ce Monde ainfi
conçu feroit vraiment celui de *Spinofa*,
l'infini proprement dit, un effet égal à
fa caufe, qui n'auroit jamais eu befoin
de caufe, & à qui en raifonnant conféquemment, on ne pourroit refufer la qualité d'Etre néceffaire, & par foi-même.

Si on ne parle que d'une bonté relative, on pourroit dire quelque chofe de
plus raifonnable, mais on donne dans le
galimatias, ou l'on retombe effectivement
dans les mêmes inconvéniens. Dieu, com-
nous l'avons dit, fe fuffit à lui-même, il eft
fon propre bonheur, fon feul bien, rien
d'étranger ne peut y ajouter ou en retrancher. Toutes les Créatures poffibles
ne peuvent donc, à fon égard, avoir aucune bonté relative ; étant fa feule fin,
& ne pouvant agir que pour lui-même,
s'il fe décide à créer, c'eft avec une parfaite liberté, & pour le tems, & pour le
nombre, & pour les degrés d'êtres. Ne

devant l'exiſtence à aucuns des êtres poſſibles, il ne leur doit, à plus forte raiſon, ni tels ou tels degrés d'être, ni tels ou tels degrés de bonté abſolue ou relative. Il a donc pû créer ou ne créer pas, & créer ce qu'il a voulu, dans le tems, & de la maniere qu'il l'a voulu.

Mais, dit-on, un être raiſonnable ne ſe détermine que par une raiſon ; un être infiniment ſage ne peut donc choiſir que ce qu'il eſt infiniment ſage de choiſir.

C'eſt le grand principe de la raiſon ſuffiſante qui ſert de baſe à tout le ſiſtême métaphiſique du Philoſophe Allemand. Il en pouſſe ſi loin les conſéquences, & avec tant de juſteſſe, qu'il eſt obligé de nier, qu'il y ait, ou puiſſe y avoir dans l'Univers deux parties ſimilaires ; parce que s'il y avoit, par exemple, deux grains de ſable abſolument ſemblables, dont l'un fût à la Chine, & l'autre ici, Dieu n'auroit eu aucune raiſon de placer l'un plutôt que l'autre, en Aſie, ou en Europe. De ce principe, Madame la Marquiſe du *Chatelet* conclut que Dieu eſt libre ; mais les autres Philoſophes défenſeurs de ce ſiſtême, n'oſant en tirer une conſéquence

auffi difparate , avouent de bonne foi ,
que, pofé le décret de la Création , Dieu
n'a point eu le choix des êtres qu'il y feroit entrer , ni de leur maniere d'être.
Mais ils foutiennent tous qu'il a été libre
de créer un Monde , ou de ne le pas
créer , qu'il a dû feulement, en le créant,
le former felon les regles de fa fageffe ,
de parties les mieux afforties qu'il étoit
poffible , entr'elles , & avec le tout ; que
ce Monde fortant de fes mains a dû être
le meilleur de tous ceux qui étoient poffibles, & quant à l'ordre phifique , & quant
à l'ordre moral , ou du moins compenfa-
tion faite de l'un par l'autre.

Auffi dans ce fiftême , non-feulement
Dieu n'aura créé aucune partie fimilaire ,
mais il répugnera dans les termes qu'il y
en ait de poffibles. On conçoit cependant
clairement que le cercle *A* n'exclut point
le cercle *B* , de même grandeur & de même matiere ; & que non-feulement deux
atômes , mais un million d'atômes parfaitement femblables font également poffibles. Ce principe a encore cet inconvénient , de l'aveu même de fes plus fages défenfeurs , qu'il détruit prefque en entier la
liberté de Dieu , puifqu'il lui ôte le choix

G v

des êtres qu'il pouvoit tirer du Néant, de leur modification, & de leur arrangement, & qu'il ne lui laiſſe pas davantage celui des loix par leſquelles il en maintient l'ordre & l'harmonie. Voilà donc la liberté de Dieu & la Providence évidemment détruites : ſa Toute-puiſſance n'eſt pas plus conſervée. Il a créé tous les êtres poſſibles, il n'y en peut ajouter, ni retrancher, ſans renverſer l'Univers. Ce n'eſt pas tout : cette opinion anéantit même la liberté qu'elle paroît laiſſer à Dieu pour le décret de la Création. En effet, antécédemment à ce décret, il a dû voir s'il étoit meilleur de créer que de ne pas créer, il lui a fallu une raiſon ſuffiſante, un motif déterminant, & puiſqu'il a choiſi de créer ce Monde, il étoit donc meilleur de le créer, que de ne le pas créer.

Il n'a donc pu, ſelon les regles de ſa ſageſſe infinie, préférer le moins bon au meilleur, ni ſe diſpenſer de créer, puiſqu'il voyoit que c'étoit le plus ſage. Auſſi, à parler ſérieuſement, dans ce ſiſtême, la liberté de Dieu ne conſiſte que dans le volontaire, & non dans le droit de choiſir. Or, par une autre conſéquence prochaine , comme l'Eternité n'eſt qu'un point, & n'a point de parties réelles & diſtinctes , elle ne peut avoir fourni à Dieu aucune raiſon de placer la Création dans un moment plutôt que dans l'autre ; donc, s'il a dû créer dans un tems, il l'a dû toujours ; donc l'Univers n'a point eu beſoin de cauſe pour exiſter. Nous voilà , comme on voit, retombés dans toutes les abſurdités qu'on croyoit éviter, en n'en-ſeignant pas le meilleur abſolu & phiſi-que , mais ſeulement le meilleur relatif. L'un & l'autre principe conduit égale-ment à ces monſtrueuſes conſéquences , & produit naturellement l'Etre univer-ſel , le Monde infini de *Spinoſa* , ou plu-tôt ſon Dieu.

Mais ce n'eſt pas aſſez renverſer ce ſiſ-têle , qui a par lui-même quelque choſe de ſéduiſant , & qu'un grand nombre de partiſans rend célèbre, que d'en faire voir les fauſſes conſéquences. Il faut, s'il ſe peut, développer l'erreur du principe même.

Rien n'eſt plus vrai qu'il faut une rai-ſon ſuffiſante pour chaque choſe , en ce ſens , qu'il ne peut y avoir d'effets ſans cauſes. Il faut donc des cauſes phiſiques

G vj

pour les effets phifiques , & des caufes morales pour des effets moraux; or, comme les
déterminations ont quelque chofe de phifique & de moral tout à la fois , elles fuppofent néceffairement , & une faculté qui
puiffe les produire , & des motifs qui
puiffent y incliner. Il n'y a nulle difficulté
fur les facultés : il ne nous refte à examiner que ce qui concerne les motifs. Tous
les objets fur lefquels roulent les déterminations , peuvent être regardés fous
deux refpects , ou comme fins ou comme
moyens. Nous ne fçaurions rechercher un
objet comme fin , ou nous y déterminer,
qu'en le confidérant comme bon : il n'eft
pas néceffaire que nous appercevions , ni
que nous fuppofions même une bonté
réelle dans l'objet que nous recherchons ,
comme moyen ; mais il faut que nous y
appercevions , ou du moins que nous y
fuppofions une bonté relative à la fin principale que nous avons en vûe. Il eft certain que l'objet qui nous eft offert comme fin , nous détermineroit néceffairement , s'il rempliffoit toute notre capacité de connoître & d'aimer. Mais ceux
qui ne la rempliffent pas , n'entraînent
point notre confentement néceffaire ,

comme on le développeroit plus ample-
ment, fi on traitoit de la liberté. Les
moyens pour parvenir à la fin que nous
nous propofons font uniques, inégaux,
ou égaux, c'eft-à-dire, que nous les regardons comme tels. De quelque efpece
qu'ils foient, ils ne néceffitent point par
eux - mêmes notre confentement, parce
que nous ne les voulons point pour eux,
mais pour la fin. Mais pofé l'amour de la
fin, quel qu'il foit, pourvu qu'il foit do-
minant, il renferme néceffairement celui
des moyens; c'eft-à-dire, celui du moyen
unique, s'il eft tel, & parmi les inégaux
celui du moyen que nous jugeons le plus
propre à nous faire parvenir à la fin. Mais
fi nous voyons deux moyens égaux de parvenir à la même fin, le fentiment intérieur
& l'expérience nous apprennent que,
quoiqu'il n'y ait entr'eux nulle raifon de
préférence, nous ne reftons cependant
pas indécis, mais faifons le libre choix
de celui que nous voulons. Ainfi, un
Marchand qui veut doubler fon argent,
voyant deux vaiffeaux partir pour des
lieux égaux de diftance, & où il fçait que
le profit fera égal, ne garde pas fon argent par l'embarras du choix, mais le pla-

ce sur celui des deux qu'il veut. Ainsi, un Bœuf placé entre deux bottes de foin, ne refuseroit pas de manger, parce qu'elles lui paroîtroient également bonnes. Ainsi, voulant marcher, ne perdons-nous pas le tems à délibérer, si nous avancerons le pied droit avant le gauche.

Ainsi, voulant nous rendre au rond point d'un parc, & se présentant deux allées également agréables qui y conduisent, nous prenons l'une ou l'autre, comme on dit, au hasard ; mais comme le hasard n'est rien, il est clair que nous le faisons par un très-libre choix.

Si l'on dit que dans tous les exemples que nous alléguons, il y a toujours quelques circonstances imperceptibles, phisiques, ou morales, soit extérieures du côté de l'objet, soit intérieures du côté de nos dispositions, qui nous inclinent, sans que nous nous en appercevions, & déterminent notre choix ; je demande qu'on m'accorde un cas où ces circonstances ne se trouvent point, où voulant absolument la fin, nous ne voyions que des moyens parfaitement égaux d'y parvenir. Il est clair que nous en choisirons un ; & si la fin étoit telle qu'elle remplît toute notre capacité, nous ferions même invinciblement déterminés à faire ce choix. Or, le cas que je demande, eſt évidemment poſſible. Ce choix, ou cette détermination n'eſt point même alors ſans raiſon ſuffiſante ou ſans cauſe, c'eſt notre faculté qui le produit ; voilà ſa cauſe phiſique : c'eſt l'amour de la fin qui nous y engage ; voilà le motif, ou ſa cauſe morale. Il eſt vrai que l'amour de la fin pouvoit nous engager de même à prendre l'autre moyen parfaitement égal, & nous le prendrons peut-être dans une autre occaſion pareille : nous avons pris celui-ci, parce qu'il en falloit prendre un, que nous ne pouvions les prendre tous deux, & que l'amour de la fin ne nous permettoit pas de reſter dans l'inaction. C'eſt agir très-raiſonnablement de prendre un moyen ſûr, pour parvenir à une fin qu'on a eu des raiſons de ſe propoſer ; & ce ſeroit au contraire être fol, de renoncer à cette fin, ſous prétexte qu'on auroit deux moyens égaux d'y parvenir. Il eſt même vrai que, quoiqu'abſolument parlant il y ait aſſez peu de moyens égaux par rapport à nous, il arrive cependant très-ſouvent que nous en conſidérons plufieurs comme tels , & que nous nous déterminons avec beaucoup de facilité , foit par légéreté , foit entraînés par notre activité , foit que l'amour de la fin nous preffe trop pour nous laiffer le tems de les pefer. C'eft l'ufage le plus marqué que nous faffions de notre liberté , dont nous nous rendons à nous mêmes un témoignage précis avec une efpece de complaifance. Ce n'eft point une préférence que nous donnions à un moyen fur l'autre : elle ne feroit effectivement pas raifonnable , & n'auroit point de raifon fuffifante ou de caufe ; mais nous prenons l'un , & laiffons l'autre , par une efpece d'affomption , parce qu'il nous en faut un , qu'il ne nous en faut qu'un , & que nous fentons que nous fommes parfaitement les maîtres de prendre celui que nous voulons. Il y a de la chimere à nier la poffibilité de deux moyens égaux regardés comme tels , & de l'abfurdité à prétendre que leur égalité nous doit empêcher d'agir. Appliquons cette théorie à la liberté de Dieu.

Dieu , comme nous l'avons dit , fe fuffit à lui-même , & eft fa lumiere , fon amour , fon propre bonheur. Il ne peut

donc tendre à un autre terme , fe propo-
fer une autre fin : il aime néceſſairement
cette fin, & s'en occupe fans diſtraction :
les autres êtres , ou ſimplement poſſibles,
ou exiſtants par ſa volonté , ne peuvent
aider à ſon bonheur, ni y nuire. Ils ne
peuvent donc être ſa fin ; & il lui eſt parfaitement égal qu'ils exiſtent, ou qu'ils
n'exiſtent pas : ils ne font donc à ſon
égard que de ſimples moyens; encore ne
font-ils pas un moyen unique & néceſſaire, car la Volonté toute-puiſſante par laquelle il fait tout ce qu'il veut, eſt ſeule
ce moyen. Ils ne ſont pas non plus des
moyens inégaux , puiſque ſon bonheur
lui ſuffit comme fin , que ſa toute-puiſſance lui ſuffit comme moyen , & que
tout ce qui lui eſt extérieur eſt étranger
à ſon bonheur : reſte donc qu'ils ſoient
des moyens égaux. Il pouvoit donc créer
ou ne pas créer à ſon choix , parce qu'il
pouvoit s'aimer créant, ou ne créant pas.
Il eſt évident qu'il pouvoit ne pas créer,
puiſqu'aucune Créature ne lui étoit néceſſaire ; il n'eſt pas moins évident qu'il
pouvoit créer, puiſqu'aucune ne pouvoit
lui nuire, & que dans le fait il s'eſt déterminé à créer : mais il réſulte de ces

principes qu'il s'y eſt déterminé très-librement. Il n'en réſulte pas moins qu'il
a été parfaitement libre , pour le tems
de la Création, le nombre , & la qualité des êtres qu'il vouloit créer, leurs
modifications , & leurs combinaiſons différentes. Il a été libre de faire quelles loix
il a voulu , & pour leur conſervation , &
pour leur gouvernement. Rien n'a pu
s'oppoſer à la Volonté toute-puiſſante &
libre que la contradiction des êtres mêmes , & l'oppoſition a ſes attributs : il n'a
donc pu faire des cercles quarrés , ni des
montagnes ſans vallées, parce que cela répugne dans les termes ; il n'a pu créer des
intelligences avec un fond de haine pour
lui, parce que cela répugne à ſes attributs :
tout le reſte lui a été également poſſible.
Il a pu créer un Monde , ou n'en point
créer, le créer plus ou moins grand , dans
un tems ou dans un autre , lui donner
telle ou telle forme, une harmonie plus
ou moins frappante. Il pouvoit le borner
au tourbillon du Soleil , y en ajouter un
million d'autres plus grands ou plus petits , ou ne lui donner pas plus d'étendue
qu'à la Terre , & encore moins. Il pouvoit y joindre plus ou moins d'intelli-

gences, & peut-être n'y en point joindre du tout : Il pouvoit ne les rendre capables que d'une vertu, & d'un bonheur naturel, ou les élever à un état supérieur ; les faire jouir tout d'un coup du bonheur qu'il leur destinoit, sans leur donner la liberté ou leur en laisser faire usage ; ou bien leur donner cette liberté, & leur faire mériter ce bonheur par son usage : il pouvoit leur laisser la conduite de leur libre arbitre, ou le diriger lui-même par des moyens que lui eût fourni sa sagesse : il pouvoit faire des loix particulieres pour chaque être, ou des loix générales qui fissent tout à la fois mouvoir tous les ressorts : il pouvoit tout cela, il ne devoit rien. Tout étoit bien, rien n'étoit mieux, sa volonté seule a décidé son choix : il ne se devoit rien à lui-même, que d'être heureux ; & il l'étoit : il ne devoit rien à ses Créatures qui n'existoient pas, & ne pouvoient sortir du Néant que par sa volonté. Il est donc parfaitement libre pour toutes les choses possibles, c'est-à dire, qui ne répugnent, ni par leur nature, ni par ses attributs. Cette Doctrine paroît exposée à une très grande difficulté, qu'on a op-

poſée aux Calviniſtes, & ſur-tout aux Su-
pralapſaires, dont *Bayle* a fait ſentir les
conſéquences contre le Miniſtre *Jurieu* ;
& le Pere *Mallebranche*, contre l'Auteur de l'*Action de Dieu ſur la Créature*.

ARTICLE X.

Suite du même ſujet, & de l'opinion des Supralapſaires.

SI tous les êtres dépendans de Dieu
ſont pour lui des moyens égaux, s'il
n'a point d'autre raiſon du choix de ſa
volonté, que ſa volonté même, s'il ne
doit rien à ſes Créatures, il a donc pu les
créer pour les rendre malheureuſes ; il a
pu arbitrairement les prédeſtiner, ou les
réprouver ſans aucun égard à leur mérite ; il a pu leur donner, ou leur refuſer
les ſecours néceſſaires dans les occaſions
les plus eſſentielles pour elles ; il a pu mettre autant de bizarrerie dans l'arrangement du Monde, qu'il y paroît d'ordre,
& y laiſſer gliſſer encore plus de mal ; tout
cela étant pour lui des moyens égaux, il
n'en ſera ni plus, ni moins heureux.

» Opinion, difoit *Jurieu*, qui loin de
» conduire à l'Athéifme, pofe au con-
» traire la Divinité dans le plus haut de-
» gré de grandeur où elle peut être con-
» çue; car elle anéantit tellement la Créa-
» ture dans le Créateur, qu'il n'eft lié
» dans ce fiftême d'aucune efpece de loix
» à l'égard de la Créature, mais il en
» peut difpofer comme bon lui femble,
» & la peut faire fervir à fa gloire par
» telle voye qu'il lui plaît, fans qu'elle
» foit en droit de le contredire......Si
» cette Doctrine détruit l'idée qu'on doit
» avoir de Dieu, c'eft parce qu'elle nous
» le repréfente, cruel, injufte, puiffant,
» & châtiant par des fupplices éternels
» des Créatures innocentes; (& c'eft pré-
» cifément ce que veut dire le fieur *Maim-*
» *bourg*;) mais ce qui nous donne l'idée
» d'un Dieu févere, tyran, ufant de fes
» droits avec une rigueur exceffive, con-
» duit-il les hommes à l'Athéifme? C'eft
» une penfée folle. «

Et l'Auteur de l'*Action de Dieu fur la
Créature* : » Ce n'eft pas encore une fois
» qu'on eût lieu de fe plaindre de Dieu,
» quand même, avant la prévifion du péché
» originel, il auroit prédeftiné les uns, &

» réprouvé les autres ; il a pu le faire ain-
» si : il n'y a pas néanmoins d'apparence
» qu'il l'ait fait. Rien ne le gêne, ni ne le
» contraint dans ses décrets : il a pu les
» faire, comme il a voulu. Il a pu pré-
» destiner & réprouver les hommes, sans
» les regarder comme tombés dans le pé-
» ché originel : il a pu les prédestiner, &
» les réprouver comme tombés dans le
» péché originel en conséquence du dé-
» cret qui a permis ce péché. Tout cela
» est purement arbitraire en Dieu ; ainsi
» la raison ne peut découvrir lequel des
» deux il a choisi, mais le second paroît
» plus conforme à l'autorité des Saints
» Peres. «

Ces conséquences, qui sortent véritablement des principes des Hérétiques à
qui on les oppose, ne sont point du tout
liées avec les nôtres.

Nous disons bien que Dieu ne doit rien
à ses Créatures, qu'elles ne peuvent rien
sur son bonheur, quelles sont pour lui
des moyens égaux, qu'il a le choix par
rapport à elles de tout ce qui est possible ;
mais nous ajoutons que rien n'est possible
de ce qui est contradictoire à leur nature,
ou à ses principaux attributs. Or, toutes

les hypotheses qu'on fait ici, choquent quelques·uns des attributs de Dieu.

Jurieu & l'autre Auteur cité ne pouvoient s'empêcher de le sentir ; cependant ils admettoient le principe dans toute son étendue , & les conséquences qui en résultoient. Sur quoi *Bayle* s'écrie avec raison : » Voici bien la plus monstrueuse » Doctrine , & le plus absurde paradoxe » qu'on ait jamais avancé en Théologie. « Ensuite il fait voir qu'on s'est tourné de tous les côtés imaginables pour expliquer comment Dieu influe dans les actions des pécheurs, afin de le disculper d'être Auteur du péché, ou vengeur d'actions qui ne seroient pas libres. On a rejetté l'un après l'autre, la prédestination absolue, la prédétermination, le concours même simultané , & jusqu'à la prémotion. Le Pere *Mallebranche* ne s'éleve pas avec moins de force , quoiqu'en termes plus modérés , contre cette Doctrine , dans ses réflexions sur la prémotion phisique. » Le choix de Dieu n'est point l ef- » fet d'une volonté absolue & bizarre, ou » telle qu'il n'y en ait point de raison que » sa volonté même. Ces personnes préfé- » rent apparemment la force , la loi des

» Brutes, celle qui a déféré au lion l'em-
» pire sur les animaux, à la raison ; préfé-
» 'rent la puissance à la sagesse & à la justi-
» ce ; font Dieu tel qu'elles voudroient
» être. «

Mais, je le répéte, aucunes de ces conséquences odieuses ne découlent du principe que j'ai établi, parce que j'y ai mis
la restriction qu'ils n'y mettoient pas,
& qu'ils ne pouvoient y mettre dans leur
sistême.

Toutes les Créatures sont pour lui des
moyens égaux, il ne leur doit rien, il en
peut disposer à sa volonté ; mais sa volonté ne peut se déterminer d'une façon contraire à ses autres attributs, à sa sainteté,
à sa sagesse, à sa justice, à sa bonté.

Bayle & le Pere *Mallebranche*, qui se sont
élevés avec tant de raison contre cette
Doctrine impie & blasphématoire, ont
pris des méthodes opposées pour la renverser ; mais ni l'un ni l'autre ne s'est renfermé dans de justes bornes. Le premier
prétend qu'il n'y a point d'autre moyen
de la réfuter, qu'en niant ou des principes évidens, ou des conséquences évidemment contenues dans ces principes :
méthode plus propre à établir l'erreur,

qu'à

qu'à la détruire , & contraire à la bonne philofophie. Le fecond , raifonnant plus philofophiquement , ne paroît pas s'accorder affez avec l'exacte Théologie. Frappé de l'horreur des conféquences , il a nié un principe qu'il ne devoit que reftraindre ; il y a oppofé celui-ci, que Dieu agit toujours felon le rapport qui eft entre tous fes attributs : principe vrai en deux fens. Le premier , que Dieu n'agiffant point fans motif & fans raifon, tire ce motif & cette raifon de l'amour de fa fin , ou de lui-même , & du rapport qui eft entre fes atributs. Le fecond fens véritable eft , que dans le choix même des façons d'agir & des moyens égaux , il ne peut fe déterminer pour un parti qui foit oppofé à quelques-uns d'eux , ou au rapport qui eft entr'eux. Mais il y a un troifieme fens faux qui eft , que dans le choix entre les moyens égaux, il ait befoin pour fe déterminer d'un motif diftingué de fa volonté libre, d'un motif tiré du rapport entre fes attributs , & qui fuppofe entre ces moyens des degrés plus ou moins grands de bonté relativement à Dieu. Or, ce troifieme fens le Pere *Mallebranche* l'adopte dans toute fon étendue.

Tome I.　　　　　　　　　　H

» La providence, dit-il, & la prédes-
» tination à la Grace, à la gloire, & à
» toutes les volontés Divines, font cer-
» tainement réglées fur l'ordre immuable
» de la juftice que Dieu fe doit à lui-
» même, & à fes propres attributs, fi
» Dieu n'étoit que tout puiffant, fans au-
» cun égard à fes autres attributs, fans
» confulter fa loi confubftantielle, que
» fes deffeins feroient étranges ! Com-
» ment ferions-nous certains que par fa
» toute-puiffance, il ne mettroit point au
» premier jour tous les Démons dans le
» Ciel, & tous les Saints dans l'Enfer ; &
» un moment après, qu'il n'anéantiroit
» pas tout ce qu'il a fait ? Dieu, en tant
» que tout-puiffant, ne peut-il pas créer
» chaque jour un million de planettes,
» faire de nouveaux Mondes toujours
» plus parfaits les uns que les autres, &
» les réduire tous les ans à un grain de fa-
» ble ? Pourquoi ne le fait-il pas, ne le
» veut-il pas ? Et comment fçaurions-
» nous qu'il ne le peut pas même vou-
» loir, quoiqu'il le puiffe faire ? N'eft-ce
» pas parce que nous fommes certains que
» fa puiffance & fes volontés font tou-
» jours réglées fur la loi éternelle ? La

» toute-puiſſance n'entra point, pour ainſi
» dire, dans les conſeils du Créateur,
» lorſqu'il voulut bien former le deſſein
» de créer le Monde : ce fut la ſageſſe
» éternelle qui le prononça cet admi-
» rable deſſein, conformément à l'or-
» dre immuable, à ſon aimable & in-
» violable loi écrite dans ſa ſubſtance en
» caracteres éternels. Elle parla, & la
» toute-puiſſance exécuta. Ses volontés
» ne ſont donc point purement arbitrai-
» res, c'eſt-à-dire, qu'elles ne ſont point
» ſages & juſtes préciſément parce qu'il
» eſt tout-puiſſant, l'Etre des êtres, &
» qu'il a un ſouverain domaine ſur ſes
» Créatures, comme le ſoutient l'Au-
» teur, mais parce qu'elles ſont reglées
» ſur la loi naturelle. Il n'y auroit ni
» vrai ni faux, ni juſte ni injuſte, im-
» muablement & néceſſairement tel, ſi
» l'eſſence Divine n'étoit elle-même né-
» ceſſaire & immuable. Dieu ne peut ni
» voir, ni faire, quoique tout-puiſſant,
» que deux fois deux ne ſoient pas qua-
» tre ; il ne peut ni voir, ni faire, qu'il
» ne ſoit pas juſte de préférer la nature
» de l'homme à celle de la bête. «

» Il voit que nos yeux ſont plus ſage-

» ment placés au haut de notre tête qu'à
» nos talons, & en devant qu'en derrie-
» re ; Dieu est tout-puissant, il peut met-
» tre les yeux de l'homme à ses talons,
» mais il ne peut le vouloir, agissant se-
» lon ce qu'il est, s'il n'en trouve des rai-
» sons dans l'ordre immuable de ses attri-
» buts. Si l'Auteur n'avoit en vûe que de
» prouver qu'il nous suffit de sçavoir que
» Dieu tient telle ou telle conduite dans
» sa providence pour en conclure qu'elle
» est sage, juste, conforme à ses attri-
» buts, il auroit raison. Mais il n'est pas
» certain que Dieu agisse comme le pré-
» tend l'Auteur, & qu'il ait, par exem-
» ple, refusé aux Anges la prémotion
» phisique pour vouloir persévérer dans
» leur justice ; prémotion qui leur étoit
» nécessaire, selon lui-même, pour per-
» sévérer. «

» Cela ne suffit pas pour satisfaire ceux
» qui croyent avec raison, & même com-
» me un article de foi, que Dieu n'aban-
» donne point le premier les Justes. Enfin,
» cela n'est pas suffisant pour faire taire
» les libertins, & répondre aux objec-
» tions qu'ils font contre la Religion : ob-
» jections qu'ils appuyent, & qu'ils

» croyent bien fondées fur ces vérités
» conftantes, que Dieu eft fage, bon &
» jufte. Il faut, autant qu'on le peut,
» leur prouver que les conféquences
» qu'ils tirent de ces vérités font fauffes,
» & accorder ainfi la foi avec la raifon,
» pour les ramener à la vérité. Les idées
» que l'on a de la fageffe, de la juftice & de
» la bonté, font fort différentes de celles
» que l'on a de la toute-puiffance. Le
» pouvoir ne fut jamais la raifon ni le mo-
» tif du vouloir ; & comme on ne peut
» vouloir fans motif, car vouloir c'eft
» confentir à un motif, c'eft dire que
» les volontés de Dieu font purement ar-
» bitraires, qu'il n'y a point de raifons à
» rendre de fes volontés que fes volon-
» tés mêmes, & que tout ce qu'il veut &
» fait, eft jufte, fage, bon, précifément
» parce qu'il eft tout-puiffant, & qu'il a
» un fouverain domaine fur fes Créatu-
» res; c'eft dire & fe contredire, & laif-
» fer les objections des libertins dans tou-
» te leur force. Dans ce que j'ai écrit fur
» la Grace, la prédeftination. & la Pro-
» vidence générale, j'ai toujours eu en
» vûe de répondre aux objections ordi-
» naires, & fur-tout à celles qui ont fait

» le plus de bruit , & caufé depuis peu
» tant de difputes entre M. *Bayle* , M.
» *Jacquelot* , & quelques autres ; & je
» crois même avoir tourné en preuve des
» dogmes de la foi les objections dont ils
» fe fervent pour les combattre. Si le fen-
» timent de l'Auteut avoit lieu , *Hobbes* ,
» *Lock* , & quelques autres , auroient dé-
» couvert le vrai fondement de la Mora-
» le ; l'autorité & la puiffance donnant
» fans raifon droit à faire tout ce qu'on
» veut, quand on n'a rien à craindre. «

On ne peut nier que le projet de ce
grand homme ne fût digne de lui , & qu'il
n'y ait même réuffi parfaitement en plufieurs points : mais ici fon zéle & fon efprit de fiftême l'emportent trop loin. Il
n'a pas affez diftingué le motif toujours
néceffaire de toute Intelligence pour la
déterminer à agir , & celui qu'il croit néceffaire de même pour la faire choifir entre des moyens égaux. Nous avons prouvé qu'il ne lui faut de leur part aucun motif de préférence. Celui qu'elle tire de
l'amour de la fin lui fuffit pour agir , &
pour prendre l'un d'eux , fans néanmoins
le préférer à celui qu'elle ne prend pas ;
parce que pour agir raifonnablement , on

n'eſt pas obligé de changer la nature
, des choſes, ou de la juger autrement
qu'elle n'eſt, c'eſt-à-dire, de rendre ou
de juger meilleures celles qui ſont égales. Mais il ne paroît pas avoir même re-
connu les moyens égaux dont nous parlons, à cauſe de ce principe général auquel il donne trop d'étendue, qu'on ne
peut vouloir ſans motif, & que vouloir,
c'eſt conſentir à un motif.

De cette Doctrine générale il réſulte
pluſieurs inconvéniens. Le premier, c'eſt
que dans l'ordre de la Nature, & dans
l'ordre de la Grace, Dieu n'a rien pu
faire arbitrairement, & préciſément parce qu'il l'a voulu ; qu'il lui a fallu des motifs tirés du concert de ſes attributs & des
rapports des différens objets avec eux :
ſiſtême également oppoſé à la tradition,
à l'Ecriture, & aux démonſtrations que
fournit la raiſon tant *à priori* qu'*à poſte-
riori*. Un autre inconvénient de ce ſiſtême
eſt qu'il détruit la liberté de Dieu, &
qu'on en peut déduire les mêmes conſéquences que nous avons tirées de celui
de *Leibnitz*. Le Pere *Mallebranche* a beau
ſoutenir que Dieu étoit libre de créer ou
ne pas créer, tant en général qu'en parti-

culier, je lui réponds qu'il n'a pas été libre de ne se pas déterminer à l'un ou à
l'autre ; or, dans mes principes, comme
dans les siens, il lui a fallu un motif pour
se déterminer ; mais il suit des siens, &
non des miens, qu'il lui en a fallu un particulier pour se déterminer à l'un plutôt
qu'à l'autre. Je dis que les deux partis lui
étoient parfaitement égaux, & qu'ainsi,
pour prendre l'un ou l'autre il ne lui falloit que la nécessité même où il étoit de
se déterminer. Mais il ne veut point de
détermination sans une raison de préférence : Dieu en a donc eu une de créer
plutôt que de ne pas créer, dans un tems
plutôt que dans un autre, avec tels ou
tels degrés de perfection. Or, comme
cette raison de préférence ne peut se tirer, selon lui, que de la loi immuable, &
du rapport nécessaire de tous ses attributs, il suit évidemment que Dieu a été
nécessité à créer, & à créer de telle ou
telle maniere. Donc ce sistême détruit en
entier sa liberté : conséquences bien éloi-
gnées des intentions de ce Philosophe
Chrétien, & qu'il désavoue par-tout,
mais qui n'en sont pas moins liées avec
ses Principes. Pour éviter donc la dureté

& le blasphême qui se rencontrent dans
l'opinion des Supralapsaires , & sauver
d'ailleurs la liberté de Dieu que détruisent les Optimistes les plus mitigés , en un
mot, pour accorder le souverain domaine
de Dieu & sa liberté avec sa sagesse , sa
justice, sa bonté , & tous ses attributs ,
il faut s'attacher également à ces deux
maximes : la premiere est que Dieu étant
sa fin , & ne pouvant agir que pour lui-
même , & par des motifs tirés de lui , aucun autre être ne peut être sa fin , ni le
moyen unique de sa fin , mais que tous
sont à son égard des moyens égaux : la
seconde est qu'encore qu'il ne doive rien
à tous ses êtres, il se doit à lui-même &
à tous ses attributs ; d'où il résulte qu'il
ne peut traiter ses Créatures d'une façon
qui soit contraire à l'un d'eux , ou au rapport qui est entr'eux.

C'est donc par un très-libre choix qu'il
a créé le Monde tel qu'il est , qu'il y a
joint des intelligences , qu'il en a uni à
des corps pour former l'homme , qu'il
leur a donné la liberté, & leur en laisse le
gouvernement. Il a fait tout cela ; donc
cela s'accorde très-bien avec tous ses attributs, & la raison même apperçoit cet

accord. Mais suppofer avec les Supralap-
faires, qu'il auroit pu créer des intelligences dans un état fi malheureux que le
Néant vaudroit mieux pour elles que
l'exiftence ; fuppofer que le premier Décret de leur création les rendit crimi-
nelles, & les en punir ; dire que Dieu peut
prédeftiner & réprouver , fans aucun
égard au mérite ; qu'il peut abandonner
le premier des êtres innocens & juftes ,
& leur refufer des fecours néceffaires ou
fuffifans pour perfévérer dans la juftice ;
ce font autant de blafphêmes contre lefquels la raifon s'éleve , & où elle voit des
contradictions évidentes avec la juftice ,
la fageffe , & la bonté de Dieu.

D'un autre côté prétendre que Dieu
n'a pu , fans des motifs tirés des objets
mêmes , prendre les uns & laiffer les autres , foit dans l'ordre de la Nature , foit
dans celui de la Grace ; qu'il n'a pu créer
que les êtres qu'il a créés , & tels qu'il les
a créés , avec les Optimiftes ; ou que , faifant du bien à tous jufqu'à ce qu'ils fe
rendent eux-mêmes dignes de punition
par le mauvais ufage de leur liberté, il ne
puiffe en faire davantage à ceux qu'il
veut , précifément parce qu'il le veut , les

prédefliner gratuitement à la gloire, ou
en vertu des mérites prévus ; c'eft détruire la liberté de Dieu, fon fouverain
domaine fur fes Créatures, & même en
un fens fa bonté, qui n'éclate point fi bien
que dans cette conduite toute gratuite de
fa part.

A R T I C L E XI.

Suite du même fujet, & des Voyes générales.

ON peut de tout ce qui a été dit ci-
deffus, tirer une nouvelle inftance,
pour appuyer l'objection de *Bayle* que
nous réfutons depuis fi long-tems.

Si Dieu eft fa feule fin, comme il eft
évident ; fi fa volonté toute-puiffante eft
fon feul moyen néceffaire ; fi tous les
êtres, toutes leurs modifications, toutes
leurs combinaifons, font des moyens
égaux, dont il n'a nul befoin, qu'il peut
prendre ou laiffer, à fon choix ; aucun
d'eux ne peut gêner l'exécution de fes
deffeins remplis de fainteté, de fageffe,
de juftice & de bonté. Il peut n'employer

que ceux qui y concourent , négliger
ceux qui en dérangent l'économie ; ou
plutôt , n'étant pas proprement des
moyens pour lui , & fa volonté lui fuffi-
fant pour opérer tout ce qu'il veut , &
comme il veut , rien n'empêche plus qu'il
n'ait pu prévoir tous les maux phifiques ,
& fur-tout moraux , dont on voit clairement l'oppofition avec fes attributs , fi
rien ne le gêne dans fa conduite.

Vous n'êtes donc pas plus avancé que
vous étiez , me dira-t-on ; vous vous êtes
même ôté une puiffante reffource , en
rendant hommage à la vérité , & reconnoiffant qu'il n'y a rien dans les Créatures qui puiffe motiver les Décrets de
Dieu , ni en modifier l'exécution. Il n'a
donc tenu qu'à lui d'employer parmi ces
moyens égaux ceux qui lui convenoient ,
ou plutôt d'affujettir ceux qu'il vouloit
employer aux effets qu'il devoit fe propo-
fer. Il ne devoit donc pas donner la liberté aux intelligences , ou il devoit , fans
la détruire , faire en forte qu'elle fe portât
toujours au bien. Pour réfoudre cette objection , plufieurs Philofophes , plufieurs
Théologiens même , & fur-tout le Pere
Mallebranche , ont recours à la néceffité

des voyes générales. Voici leur fiftême.

Dieu s'aime invinciblement , il agit toujours d'une maniere qui porte le caractere de fes attributs , parce qu'il les aime. Plus un ouvrage eft parfait , plus il exprime l'excellence & la puiffance de l'ouvrier ; plus les voyes par lefquelles il les exécute font fimples & fécondes , plus auffi expriment - elles fa fageffe & fon intelligence : donc Dieu a dû faire le Monde , non le plus parfait en lui-même , mais eu égard à la fimplicité & à la fécondité des voyes qu il a employées. Ainfi , un ouvrage parfait comme 8 , produit par des voyes qui n'expriment les attributs de Dieu que comme 2 , ne les exprime que comme 10 ; mais s'il n'eft parfait que comme 6 , & qu'il foit produit par des voyes qui foient auffi comme 6 , il les exprime comme 12. Les voyes par lefquelles Dieu exécute tout dans le Monde , font fes volontés pratiques , & les puiffances fubalternes , ou caufes fecondes , foit qu'elles ayent une force réelle attachée à leur nature qui n'ait befoin que du concours , ou qu'elles foient fimplement caufes occafionnelles par une loi de Dieu ; mais les voyes générales font plus fimples

& plus fécondes que les particulieres pour quelques effets que ce puisse être ; donc en s'en servant , Dieu leur ajoute toujours quelque degré de perfection.

Il s'en sert donc ici par sa volonté pratique générale qu'il a voulu faire dépendre de quelque Créature ; par exemple dans l'ordre de la Grace de l'Humanité sainte de Jesus-Christ qu'il ne prédétermine point. Si outre cela il a des volontés particulieres , ce sont des voyes extraordinaires & rares. Par cette hypothese on rend raison des défauts qui se trouvent dans le Monde ; car Dieu voudroit que toutes ses Créatures fussent parfaites & heureuses ; il ne permet les maux phisiques ou moraux , que parce qu'ils entrent dans l'ordre général qu'il a établi , & dans la simplicité des voyes qu'il a été obligé de suivre.

M. *Arnauld* & l'Auteur de l'*Action de Dieu sur la Créature* , examinent ce sistême dans un grand détail , & le refutent de toutes leurs forces. Je crois utile de dire quelque chose des raisons qu'ils y opposent , pour mettre à portée de juger de quel côté est le vrai , ou si même on ne s'en est pas écarté de part & d'autre.

Ils demandent d'abord si l'on peut regarder les voyes comme des moyens par rapport à Dieu, ou comme des moyens par
rapport à telle ou telle chofe. En a-t-il befoin pour opérer tel effet, ou veut-il feulement qu'elles fervent à l'opérer ? On ne
peut dire que Dieu en ait befoin par rapport à lui à qui fa volonté toute-puiffante
fuffit, refte donc qu'il s'en ferve comme
de moyens par rapport à tel effet.

C'eft-à-dire, qu'on ne doit pas fuppofer que n'ayant qu'un deffein principal,
il ne veuille les Créatures ou les autres
effets que pour produire celui-là ; mais il
veut tout à la fois & également, & ce
deffein, & ces autres effets comme coo-
pérans au deffein. Si Dieu n'avoit eu deffein que de nous fauver, il n'avoit qu'à
nous fauver tout de fuite fans tant de
circuit. Si Dieu n'a voulu le mouvement
des corps que pour former & conferver
un certain ordre, il n'avoit qu'à le former tout de fuite, & le rendre durable.
S'il n'a voulu remuer les corps en ligne
droite que pour les faire parvenir d'un
lieu à un autre par la voye la plus courte,
il n'avoit qu'à les créer fucceffivement en
ces deux lieux.

On ne veut un moyen que parce qu'il en faut un pour atteindre la fin : or, Dieu n'en a pas befoin ; ainfi Dieu veut auffi bien l'exiftence d'une Créature que d'une autre, d'un effet que d'un autre. Il veut bien que les arbres foient pour produire les fruits, mais il ne veut pas les arbres pour les fruits, car il pouvoit en produire fans eux. Il n'a pas volu envoyer des Prédicateurs pour nous convertir feulement, mais il a voulu que nous fuffions convertis par des Prédicateurs. Dieu n'a donc pas d'autres moyens par rapport à lui que fa volonté, & c'eft le plus fimple.

Ceux dont il fe fert par rapport aux effets, il s'en fert d'ordinaire d'une façon uniforme, & c'eft ce qu'on appelle les loix générales. Ce feroit tenter Dieu de vouloir qu'il quittât cette maniere d'agir uniforme. La différence entre les loix & les voyes, c'eft que par les premieres Dieu opere tout librement, mais d'une façon uniforme ; par les fecondes, Dieu feroit obligé, lorfqu'il n'a deffein que de produire un effet, d'en produire un fecond, pour arriver à celui-là. Donc, fi Dieu étoit aftraint à fe fervir des voyes

générales , parce qu'elles feroient plus
fimples & plus fécondes , comme il feroit encore plus fimple , & non moins fé-
cond , de n'en point employer du tout , il
n'auroit dû fe fervir d'aucunes. Les meilleures voyes par rapport à Dieu font fa
volonté ; & par rapport aux Créatures ,
il n'eft point aftraint à fe fervir de celles
qui peuvent leur procurer le plus de bien ,
& le plus fimplement , parce qu'il n'eft
point obligé à faire le mieux. Ils nient
outre cela que les voyes générales ayent
ce double caractere , & prétendent qu'elles détruifent la providence , & que dans
l'ordre de la Grace ce feroit uniquement
l'ame de Jefus-Chrift qui en feroit revê-
tue. Quant aux avantages des voyes générales , ils répondent que pour les aflu-
rer , il faudroit avoir pénétré celles de
Dieu , & connu toutes les combinaifons
poffibles qu'il pouvoit choifir ; qu'il eft
vifible que ces combinaifons fe pourront
varier à l'infini ; que comme il y en a où il
ne feroit arrivé qu'un million de monftres, il y en a auffi où il n'en feroit point
arrivé du tout : de même , que l'ame de
Jefus-Chrift pouvoit penfer à plus de
chofes qu'on ne le fuppofe. Ils tâchent

de faire voir les inconvéniens de ce fiftême , fur-tout par rapport à l'ordre de la
Grace dont on fuppofe la volonté de Jefus-Chrift , la caufe occafionnelle. Pourquoi dans ce fiftême Pierre eft-il fauvé ,
& non Paul? Cela vient de la volonté ou
de l'entendement de Jefus-Chrift : on ne
peut dire que ce foit de fa volonté , puifqu'elle doit être conforme à celle de Dieu
qui défireroit les fauver tous deux ; c'eft
donc de fon entendement qui , connoiffant
habituellement toutes chofes , ne penfe
pas à toutes actuellement , oubliant, par
exemple , depuis tant de fiécles les Amé-
ricains , les Lapons , & d'autres contrées
inconnues. Dieu même ne pouvoit l'y
faire penfer , parce que voulant leur falut, fi, outre les bons effets qu'il procure
par cette fainte ame , il en pouvoit tirer
un feul autre , il le feroit. Une autre conféquence , c'eft que Dieu voyant toutes
les incarnations poffibles, a choifi celle-ci
comme la plus propre à la perfection de
fon ouvrage ; donc il a été obligé de
choifir cette Nature humaine pour l'unir
hypoftatiquement au Verbe ; notre falut
dépendroit donc principalement du libre
arbitre de cette humanité ; & de fon ufa-

ge futur se tireroit la raison primitive de l'union hypostatique.

Nestorius a été condamné pour avoir dit que la Nature humaine avoit été unie au Verbe, parce qu'elle l'avoit mérité ; ce seroit à peu près la même chose. Ainsi, concluent-ils, les sentimens faux sur la Grace conduisent à des erreurs sur l'Incarnation. Enfin, ajoutent ils, ces volontés générales ne sont pas plus simples, puisqu'elles supposent autant de Décrets de Dieu.

Cette matiere des voyes générales, quoique solidement traitée, ne me paroît cependant pas totalement approfondie. Il semble qu'on ait voulu détruire ce principe que nos Philosophes modernes ont pris tant de peine à établir, que Dieu, ainsi que tout être sage, agit toujours par les voyes les plus simples ; mais il est évidemment vrai, ou facile à démontrer. Ce qui les empêche de saisir le vrai nœud de cette question, c'est qu'ils n'ont pas assez nettement distingué ici ce qu'ils avoient si clairement exposé auparavant, sur la fin principale ou derniere & les fins prochaines ou accessoires, sur les différens ordres de moyens considérés non-seulement comme uniques, inégaux, ou égaux, mais comme se servant de degrés les uns aux

autres , & formant une espece de chaîne ,
pour parvenir des uns par les autres fucceffivement à la fin qu'on fe propofe.

Comme on ne peut trop éclaircir cette
matiere , on ne trouvera pas mauvais que
je m'y étende un peu.

Dieu a un ou plufieurs deffeins : s'il n'a
deffein de produire qu'un effet , la voye
la plus fimple eft fa volonté , & il ne prendra nuls moyens ; car s'il en prend un , il
veut donc , outre ce premier effet , un fecond effet , ou le moyen dont il fe fert ,
ce qui eft contradictoire à la fuppofition.
Mais s'il en a deux , & qu'il veuille que
l'un influe fur l'autre , il voudra encore
qu'il y influe de la façon la plus fimple.
Par exemple , s'il veut que le corps *A* foit
en *B* fimplement , il l'y créera ; mais s'il
veut qu'il y foit par le mouvement , il lui
fera décrire la ligne droite *A-B* , & non
la ligne courbe *A-C-B* , car fans cela il
voudroit trois chofes. Il en eft de même
par rapport aux êtres intelligens : fi Dieu
veut nous fauver fimplement , il le fera
fans détours en nous créant bienheureux ;
s'il veut nous fauver en vertu de nos mérites acquis librement , il prendra les
moyens les plus fimples pour nous faire

pratiquer le bien librement. S'il veut que Jeſus-Chriſt influe dans notre ſalut, il l'y fera influer de la façon la plus ſimple ; mais s'il veut qu'il y influe par ſa mort, il ne le fera pas mourir deux fois ; ſans cela il voudroit autre choſe que notre bonheur dans la premiere hypothèſe, autre choſe que le bon uſage de notre liberté dans la ſeconde, autre choſe que la relation de Jeſus-Chriſt avec nous dans la troiſieme, & deux morts au lieu d'une dans la quatrieme. Je crois que l'Auteur de l'*Action de Dieu ſur la Créature* lui-même conviendroit de la vérité de ce que j'avance. Il pourroit ſeulement prétendre que ce n'eſt entre nous qu'une queſtion de nom, puiſque ce que j'appelle la voye la plus ſimple, eſt ce qu'il appelle la choſe même ; ainſi, diroit-il, la ligne droite que vous faites décrire au corps A en B, en vertu du double Décret de Dieu, qu'il y ſoit, & qu'il y ſoit tranſporté par le mouvement, je la lui fais décrire auſſi, parce que vouloir le mouvement de A en B, ou vouloir que cette ligne ſoit décrite, c'eſt la même choſe. Cependant ſa réponſe ne ſeroit pas tout-à-fait juſte, puiſqu'il y a d'autres moyens de tranſporter A en B,

par une infinité de courbes ; mais comme
il conviendroit qu'il faudroit un nouveau
Décret pour ces lignes courbes, je veux
bien lui paſſer que ſon Décret ſimple renferme ma penſée. Il ſuit toujours que, poſé
que Dieu agiſſe, à quoi il ſe détermine librement, il n'eſt pas libre pour le choix
des moyens, à moins qu'ils ne ſoient égaux.

Or, il prétend qu'ils le ſont tous par
rapport à lui ; & je lui ſoutiens que non,
s'il s'agit d'effets compoſés. Si les effets
ſont ſimples, il eſt vrai qu'ils le ſont tous,
ou plutôt qu'il n'en a qu'un qui eſt ſa volonté ; car toutes les fois qu'il y mêlera
autre choſe, c'eſt qu'il veut non-ſeulement l'effet, mais encore l'effet produit
de telle façon. Or, poſé ce ſecond vouloir, auſſi libre que le premier, je dis que
les moyens ceſſent d'être égaux ; car s'il
veut qu'une force ſubalterne influe ſur
une autre, il ne peut le vouloir que conformément à leur nature ; ainſi il ne peut
vouloir que le corps A décrive la ligne
A-B en n'y paſſant pas, & il ne peut vouloir qu'il parvienne à B par C, ſi ſon ſeul
vouloir eſt qu'il ſoit tranſporté en B. Plus
Dieu multipliera les cauſes influantes,
plus il y aura d'inégalité dans le choix des

moyens ; & comme il ne faut jamais plus
de caufes influantes que pour conduire
des déterminations iibres , il n'y a point
auffi d'effet dans le choix des moyens
duquel il y ait plus d'inégalité.

Or , ceci fert à établir une certaine
gradation de moyens , même par rapport
à Dieu , au lieu que l'Auteur n'en admet
que par rapport aux effets. Dieu , felon
lui , veut également & l'exiftence des
Créatures , & leur bonheur , & leur bonheur en vertu de leurs mérites , & le bon
ufage de leur liberté , & la grace qu'il
leur donne pour cela , & les circonftances favorables où il les place. Je dis au
contraire que Dieu veut à la vérité tout
cela comme moyens , parce qu'il ne veut
rien comme fin que lui-même , mais il a
un ou plufieurs moyens principaux , qu'il
veut précifément pour lui , enfuite il a
d'autres moyens qu'il veut pour ceux-là ,
& d'autres encore pour ceux-ci &c ; &
dans le choix de ces moyens il eft déterminé par les plus fimples , & par les meilleurs : de forte qu'il veut , par exemple ,
l'exiftence de *Pierre* , & fon bonheur acquis librement , mais pour le lui faire acquérir librement il veut d'autres moyens ,

non précifément parce qu'il veut fe fervir
de ces moyens, mais il les veut comme
moyens, & comme les meilleurs moyens
de conduire la liberté de *Pierre*. Il n'y a
rien là qui répugne ni à la puiffance de
Dieu, ni à fa liberté, ni à fa fainteté : à fa
puiffance, puifque c'eft parce qu'il l'a
voulu, que le falut de *Pierre* doit s'opérer librement, qu'il ne tenoit qu'à lui de
l'opérer autrement, & que d'ailleurs il ne
laiffera pas de l'operer infailliblement,
s'il le veut abfolument; à fa liberté, puifque toutes les fois qu'on eft libre quant
à la fin, on l'eft quant aux moyens : or la
fin de ces moyens médiats eft le fuccès du
premier moyen que Dieu a voulu librement, donc &c; à fa fainteté, puifqu'en
tout cela Dieu ne veut toujours que lui-
même : l'exiftence de *Pierre*, parce qu'il
fe veut le créant; fon falut, parce qu'il fe
veut le fauvant, & le fauvant librement ;
& le refte, parce qu'il le veut, pour cela
qu'il ne le veut que pour lui. L'Auteur,
en expliquant les actes de l'état d'innocence ou de l'homme jufte, convient lui-
même que dans les moyens on n'aime que
la fin, que dans ceux qui menent à Dieu,
on n'aime que Dieu. On n'aime point les
moyens

moyens comme moyens, on n'aime en
en eux que la fin derniere; or, la fin derniere de ceux de Dieu est lui-même.

J'admets donc des moyens par rapport
à Dieu pour l'exécution de ses Décrets
composés, & ils n'ont rien d'indigne de
lui, ne lui étant nécessaires que parce
qu'il le veut. C'est comme si l'on disoit
qu'il y a de l'indécence qu'il produise des
fruits par les arbres, parce qu'il peut les
produire immédiatement. Au demeurant
comme la souveraine intelligence de
Dieu, & la suprême puissance qui le fait
disposer de tous les êtres comme il veut,
lui donnent une parfaite connoissance de
toutes les façons dont ils peuvent influer
dans les effets qu'il veut, & un souverain domaine pour les y employer à son
gré; il suit que, même par rapport à ces
moyens, il en voit une infinité d'égaux
parmi lesquels il se détermine très-librement. Mais si on en supposoit d'uniques,
il les prendroit; & entre les inégaux, il
en prendroit le meilleur, parce qu'il est
sage. Cette nécessité de moyens par rapport à Dieu n'est qu'hypothétique, &
conséquente à son Décret de faire dépendre telle chose de celle-là. La nécessité où

il eſt d'employer des moyens pour gouverner la liberté de l'homme, ne reſtraint
pas plus ſa puiſſance que d'employer les
arbres pour produire les fruits : car, poſé
qu'il ait voulu que les arbres produiſſ-
ſent les fruits, il impliqueroit contradiction qu'il les produiſît ſans eux ; de même,
poſé qu'il ait voulu que rien ne déterminât
la volonté de l'homme néceſſairement, ou
qu'il ſe déterminât lui-même librement,
& gouvernât ſa liberté, il impliqueroit
contradiction qu'il le conduiſît néceſſairement & phiſiquement par la prémotion,
ou par d'autres moyens ſemblables.

Ceci ſuppoſé, revenons aux voyes générales. Le principe ſur lequel on veut en
établir la néceſſité conduiroit trop loin,
& eſt équivoque. Si Dieu étoit obligé
d'exprimer le plus qu'il ſeroit poſſible ſa
ſageſſe & ſa puiſſance dans ſes ouvrages,
il devroit évidemment produire le Monde
le plus parfait en tout ſens. Il eſt vrai
qu'un ouvrage parfait comme 8, produit
par des voyes parfaites comme 2, ſera
parfait comme 10 ; & que celui qui ne le
ſeroit en lui-même que comme 6, produit par des voyes qui le ſeroit comme
6, le deviendroit comme 12, ce qui

paroît préférable ; mais s'il étoit parfait comme 12, & que les voyes ne le fuſſent que comme 1 , il le deviendroit comme 13, ce qui vaut encore mieux.

On n'a donc nulle raiſon de préférer la perfection des voyes à celle de l'effet même ; & comme la perfection totale réſulte de l'addition des deux perfections, il eſt clair que les attributs de Dieu ſeroient mieux exprimés, à meſure que ſes ouvrages ſeroient plus parfaits en eux-mêmes, & produits par des voyes plus parfaites, c'eſt-à-dire plus générales, comme plus ſimples & plus fécondes.

Si donc on veut l'aſtraindre abſolument à s'en ſervir par ce motif d'exprimer davantage ſes attributs, qu'il aime, & dont il aime la gloire, il ne ſera pas moins aſtraint à créer le Monde le plus parfait en lui-même. Or, nous avons démontré qu'un tel Monde répugne & à lui-même, & aux attributs de Dieu ; donc le principe qui y conduit ne peut être vrai.

J'ai ajouté qu'il eſt équivoque, & c'eſt la cauſe de l'apparence de vérité qu'il préſente, & du faux qu'il ne laiſſe pas de renfermer. Plus il eſt parfait, dit-on, plus il exprime la ſageſſe & l'intelligence de l'Ouvrier ; plus les voyes qui l'ont produit font fimples & fécondes , plus elles expriment la même fageffe & la même intelligence ; donc , conclut-on , Dieu a dû fe fervir de ces voyes pour la formation du Monde , & de tous fes ouvrages. Mais on fuppofe premierement , que Dieu ait été obligé d'exprimer fa fageffe & fon intelligence dans fes ouvrages le plus qu'il eft poffible ; ce qui eft faux , comme nous l'avons démontré contre les Optimiftes. On fuppofe encore que la fimplicité des voyes exprime plus les attributs de Dieu que la perfection intrinfeque de ces ouvrages ; ce qui eft encore faux , puifque la perfection intrinfeque égale à 6 les exprime tout autant que la perfection des voyes égales à 6 , & plus que celle des voyes égales à 4. Enfin la perfection totale réfultant de la combinaifon de la perfection intrinfeque & de celle des voyes , on n'a nulle raifon de préférer l'une à l'autre , & on voit clairement que cette diftinction n'a été inventée que pour fauver la liberté de Dieu. Mais elle devient fuperflue dès qu'il eft prouvé que Dieu n'eft tenu en aucun fens d'exprimer dans fes ouvrages fes attributs le plus qu'il eſt poſſible ; que ces ouvrages & les voyes dont il ſe ſert, ſont pour lui des moyens égaux. Cela paroît oppoſé aux remarques que nous venons de faire ſur la doctrine de l'Auteur de l'*Action de Dieu ſur la Créature*, que nous paroiſſons maintenant admettre ; mais nous allons tâcher de montrer l'accord & la liaiſon de nos principes.

Il eſt vrai, qu'abſolument parlant, Dieu n'eſt aſtraint à aucune voye, quelque parfaite qu'on la ſuppoſe, pour un effet quelconque : il eſt vrai que ſa volonté lui ſuffit, & eſt de toutes les voyes la plus ſimple. Mais nous avons diſtingué entre les effets ſimples, & les effets compoſés ; & il faut encore diſtinguer entre les effets compoſés, ceux qui ne le ſont que par l'aſſemblage de pluſieurs effets pour ainſi dire paralleles, & ceux qui ſont compoſés d'effets ſubordonnés influans les uns ſur les autres. Dieu peut produire non - ſeulement un effet, mais un million de millions d'effets correſpondants, ſans autre moyen que ſa volonté ; & le beau ſiſtême de l'harmonie préétablie de *Leibnitz* ſert à le faire comprendre. Mais nous avons prouvé que lorfqu'il s'agit d'effets fubordonnés, Dieu ne peut les faire influer les uns fur les autres que par les voyes les plus fimples. Il n'y eft pas déterminé néceffairement par l'obligation de donner plus de perfections exprimées à fes ouvrages, mais il l'eft parce qu'une caufe fage ne fait rien d'inutile, & que voulant fimplement le mouvement du corps *A* en *B*, il feroit fuperflu de lui faire décrire la courbe *A-C-B*. Il eft difficile de nier que les voyes générales ne foient les plus fimples & les plus fécondes; d'un autre côté il eft difficile de ne pas appercevoir une fubordination d'effets, & une gradation de moyens dans le Monde préfent, foit quant à l'ordre de la Nature, foit quant à l'ordre de la Grace : il eft donc très vraifemblable que Dieu a dû fe fervir à fon égard de voyes générales. L'Auteur de l'*Action de Dieu fur la Créature* convient lui-même que Dieu fe fert ordinairement de loix générales, & que ce feroit le tenter de vouloir qu'il s'en écartât dans des cas particuliers : la différence qui eft entre nous eft que, pofée quelque fubordination de moyens que ce puiffe être, il prétend que Dieu refte toujours également libre de fe

fervir des voyes générales ou des particulieres, & que je prétends au contraire
qu'il y a une contradiction entre cette
fubordination fuppofée & l'ufage de
voyes qui ne feroient pas les plus fimples.
Le Pere *Mallebranche* de fon côté, d'accord avec nous fur l'ufage des voyes générales, prétend y affujettir Dieu pour
toutes fortes d'effets compofés, fans en
faire dépendre la néceffité de la fubordination que Dieu a voulu librement établir entr'eux. Son fiftême donne une grande atteinte à la liberté de Dieu ; celui de
l'Auteur qui l'a combattu en donneroit
une pareille à fa fageffe ; nous évitons ces
deux excés par le milieu que nous prenons ; mais nous fommes tous d'accord
que, par quelque raifon que ce foit, Dieu
fe fert effectivement de loix générales :
malgré cet accord nous ne pouvons pas
en tirer les mêmes avantages pour juftifier
la providence de Dieu. L'Auteur qui ne
reconnoît d'autres moyens par rapport à
Dieu que fa volonté toute-puiffante pour
les effets quelque compofés qu'ils foient,
n'en peut tirer aucuns, & il y renonce de
bonne foi. En effet, fi tous les moyens
font égaux à Dieu, même relativement aux

I iv

effets, & à plus forte raison si sa volonté libre est son seul moyen, les loix qui produisent le bel ordre du Monde, n'en excusent point les défauts, puisqu'il ne tenoit qu'à lui de vouloir tout à la fois ce bel ordre par les mêmes moyens, & de vouloir en même-tems l'absence de tous défauts. Dans le sistême du Pere *Mallebranche*, ainsi que dans celui de *Leibnitz*, la Providence est si clairement justifiée, qu'on n'a besoin d'entrer dans aucun détail pour le faire sentir. La vérité que nous avons cherchée indépendamment des avantages qui en peuvent résulter, ne nous met pas tout-à-fait dans une position aussi commode. Cependant, comme elle ne peut être opposée à elle-même, nous en tirons assez de lumieres pour résoudre les difficultés qu'on nous propose. Nous disons donc, pour revenir à l'objection de *Bayle* qui nous sert de texte, que Dieu ayant pu librement vouloir une subordination d'effets, tant dans l'ordre de la Nature que dans l'ordre de la Grace, & l'ayant voulu effectivement, comme il est presque évident, il a dû les produire par les voyes les plus simples & les plus fécondes, & par conséquent par des loix générales. Sa liberté eſt ſauvée, en ſuppoſant que le choix de cette ſubordination de moyens a été parfaitement libre ; ſes autres attributs ſont également ſauvés, en ſuppoſant que les effets dont on ſe plaint, ſont une ſuite de ces loix générales que ſa ſageſſe a dictées, & que ſon immutabilité ne lui permet pas de changer. Il a donc voulu, pour nous renfermer dans la matiere qui nous occupe, que l'homme fût libre, & qu'il conduisît lui-même ſon libre arbitre, ſans influer ordinairement de ſa part dans cette conduite, que par ſon concours dans l'ordre naturel, & par la diſtribution de ſes graces pour le ſurnaturel.

De ces loix générales il réſulte que l'homme pourra faire un mauvais uſage de ſa liberté, & le fera ſouvent, mais elles ſont liées avec le plan général de Dieu infiniment ſage ; il ne doit, ni ne peut les changer. Ces mauvais effets dans l'ordre moral n'attaquent pas plus la ſageſſe de ſon plan, que l'introduction de quelques monſtres & de quelques déſordres phiſiques ne fait évanouir le bel ordre qui regne dans l'Univers. *Bayle* convient que l'établiſſement des cauſes occaſionnelles suffit pour juſtifier la Providence de tout ce qu'on peut lui reprocher à cet égard ; s'il avoit raiſonné de bonne foi, & conſéquemment, il eût appliqué la même réponſe à la même difficulté dans l'ordre moral. Mais Dieu pouvoit, dit-il, établir des loix générales, ou même des cauſes occaſionnelles, deſquelles il n'eût réſulté aucun péché dans le Monde ; cela n'étoit-il pas digne de ſa juſtice & de ſa bonté ? Je lui réponds d'abord : mais Dieu pouvoit auſſi établir des loix générales & des cauſes occaſionnelles, dont il n'eût réſulté aucun déſordre phiſique ; cela n'étoit-il pas digne de ſa ſageſſe ? Je lui réponds en ſecond lieu qu'il ſe trompe, & que, poſée la ſubordination de moyens que Dieu a pu choiſir librement comme très-bonne en ſoi, & produiſant des effets admirables, il a été obligé de ſe ſervir des voyes les plus ſimples, & d'établir des loix générales, deſquelles réſultent les déſordres phiſiques & moraux dont on ſe plaint.

Il me reſte à réſoudre quelques difficultés qui peuvent venir dans l'eſprit au ſujet de ce ſiſtême. Premierement, peut-on dire, il en réſultera l'impoſſibilité des

miracles que *Spinofa* démontroit dans le
fien , ou pour le moins ils dépendront tellement des loix générales , que l'on fera
obligé de les confondre avec elles , foit
dans l'ordre de la Nature , foit dans l'ordre de la Grace , & d'adopter l'explication que donne l'Abbé d'*Houtcville* , laquelle a été jugée avec raifon fi peu conforme à l'exacte Théologie. Cette conféquence ne fort point du tout de mes principes, encore qu'elle réfulte évidemment
de ceux de *Spinofa* , de *Leibnitz* , & de
l'Abbé d'*Houteville*. Le Pere *Mallebranche* même auroit de la peine à s'en défendre , en raifonnant conféquemment ; il la
nie cependant , & admet des voyes particulieres , extraordinaires & rares.

Mais ce qu'il ne fait qu'en forçant fes
principes , fort tout naturellement des
miens. Si Dieu a établi une fubordination
de moyens , c'eft qu'il l'a voulu librement ; il pouvoit produire les mêmes effets principaux fans aucune fubordination entr'eux par fa feule volonté ; il ne
tient donc qu'à lui de fouftraire à cette
fubordination les effets qu'il veut , & de
fe fervir à leur égard de voyes particulieres telles qu'il le juge à propos. Il eft

vrai que pofés les Décrets généraux ou particuliers qui reglent chaque chofe, il n'y peut plus rien changer ; mais c'eft la même chofe dans tous les fiftêmes, perfonne ne voulant établir fa liberté aux dépens de fon immutabilité. Il a donc fait en même tems & les Décrets généraux qui fondent fa providence, & les Décrets particuliers qui donnent naiffance aux miracles.

On peut dire en fecond lieu, que les deffeins de Dieu fe manifeftant par leurs effets, & pouvant acquérir la connoiffance des loix générales en étudiant la fubordination de ces effets, on pourroit auffi acquérir la connoiffance des effets futurs qui doivent fe gouverner par les mêmes loix, & parvenir ainfi naturellement à une efpece de don prophétique. Je réponds que cet inconvénient n'eft point à craindre, & qu'encore qu'on puiffe deviner avec une certaine jufteffe quelques effets naturels foumis ordinairement aux loix communes, comme on a déjà fait par rapport aux principales loix du mouvement, & au cours des aftres, fuivant lefquels on prédit avec précifion des révolutions périodiques, & les éclipfes ; cette fcience n'eft pourtant que conjecturale, parce

qu'on n'eſt point aſſuré de connoître toutes ces loix de la Nature relatives au même objet ; qu'on ignore abſolument la
durée que Dieu a preſcrite à ces loix , &
qu'on ne ſçait pas davantage les exceptions qu'il peut y avoir miſes. Le Pere
Mallebranche lui-même avoue que les deſſeins de Dieu ſont trop profonds & trop
étendus , pour que nous puiſſions nous
flatter de les approfondir : nous ne pouvons donc pas davantage pénétrer les
moyens qu'il a decreté d'employer pour
leur exécution. » Comme , dit-il , les per-
» fections de Dieu ſont infinies , les com-
» binaiſons des rapports de chacune avec
» toutes les autres ſont infiniment infinies.
» Ainſi la loi de Dieu eſt incompréhenſi-
» ble à tout eſprit fini. J'avoue donc vo-
» lontiers que Dieu fait bien des choſes
» dont il n'eſt pas poſſible de rendre rai-
» ſon , & qu'il n'en fait aucune dont on
» ne puiſſe rendre toutes les raiſons qu'il
» a de l'exécuter. «

Troiſiemement , les combinaiſons des
effets ou des moyens pouvant ſe varier à
l'infini , comme il y en a où il ne ſeroit
arrivé qu'un million de monſtres , il y en
a auſſi où il n'en ſeroit point arrivé du

tout , & de même des défordres moraux.

Cette fuppofition eft fauffe : il n'y a point de combinaifon infinie proprement dite d'êtres bornés dans leur nature , leur étendue , & leur nombre.

Quatriemement , les moyens étant pour l'ouvrage , & non l'ouvrage pour les moyens , ne valoit-il pas mieux faire un Monde beaucoup plus parfait , avec des moyens moins fimples ? On y auroit gagné.

Il faudroit , pour affurer cela , fçavoir auffi la difproportion qu'il y auroit entre les perfections de ce Monde, & celles des moyens. D'ailleurs , on réduit ici les deffeins de Dieu à un feul , & il a été libre d'en avoir plufieurs qui ne permettoient pas cette perfection qu'on fuppofe.

Cinquiemement , on peut encore placer ici une objection de l'Auteur de l'*Action de Dieu fur la Créature* , quoiqu'il ne la dirige que contre le fiftême du Pere *Mallebranche* : fi Dieu a été obligé voulant agir de faire le mieux , eu égard à la fimplicité des voyes , il en réfulte la néeeffité des monftres , & celle du péché même fans lequel l'ouvrage de Dieu n'auroit pas eu Jefus-Chrift pour réparateur,

& fans lequel, par conféquent, il n'eût
pas été auffi honoré. Mais les défenfeurs
de ce fiftême penferoient que même fans
le péché l'Incarnation auroit eu lieu : &
quant aux voyes fimples & générales de
notre fiftême, elles n'influent point du
tout fur le plan de celui de Dieu ; il en
fuit feulement que voulant produire tels
ou tels effets, il eft contraint de fe fervir
des voyes les plus fimples. Si de-là il réfulte des monftres & des défordres, cette
néceffité même eft l'apologie de la Providence, mais ne prouve point du tout
qu'il ait été obligé d'affujettir fon plan à
fes voyes, puifqu'on fuppofe au contraire
qu'il a choifi fes voyes pour fon plan. Il
n'eft point néceffaire qu'il ait fait le
mieux qui pût cadrer avec fes voyes, ce
qui revient à l'Optimifme réfuté, mais
feulement qu'il ait choifi les meilleures
voyes pour ces effets. Si on conclut que
le péché & les Impies étoient néceffaires
à Dieu, ce que *Bayle* a ofé oppofer à
quelques réponfes des Peres, je dis qu'on
raifonne très-mal ; car s'il eft entré dans
fon plan de les permettre, il l'a fait librement, & s'ils réfultent de ces voyes fimples, elles n'ont été employées que pour

l'exécution de ce plan libre ; par conséquent il les a permis tout auffi librement que dans tout autre fiftême.

Sixiemement , ne fuit-il pas de nos principes que Dieu ne pouvoit, fans renoncer à fa fageffe, fauver plus de perfonnes ? Cette reftriction n'eft encore qu'hypothétique au plan général & libre. Il pouvoit en prendre un autre , & d'autres moyens ; mais , pofé celui-là , il eft encore plus décent & moins dur de rejetter tous les défordres fur la fimplicité des voyes , que fur des Décrets particuliers de Dieu.

Comme je n'entre point dans l'examen du fiftême particulier du Pere *Mallebranche* par rapport à l'ordre de la Grace, je ne fuis point obligé de réfoudre les difficultés qu'on y oppofe.

On voit bien , fans que j'entre dans le détail , que comme je ne pourrois l'admettre que conféquemment à une fubordination de moyens que Dieu auroit établie librement , la plûpart des traits qu'on lui lance , pafferoient à côté de moi , fans me bleffer.

ARTICLE XII.

De l'Ignorance & de la Concupiscence.

EN traitant des passions, nous n'avons pas voulu prévenir une objection qui vient ici plus naturellement, & à la solution de laquelle les choses que nous avons dites pourront contribuer : voici cette objection.

La raison ne se révolte plus contre la liberté que Dieu a donnée aux hommes, & le pouvoir qu'il leur a laissé d'en disposer à leur gré ; cette faculté & ce pouvoir sont bons en eux-mêmes ; les abus qui en résultent sont des suites de la simplicité des voyes, & l'homme ne peut s'en prendre qu'à lui-même, & du péché, & des peines du péché qu'il encourt & qu'il mérite librement.

Mais n'étoit-il pas de la sagesse, de la bonté, & même de la justice & de la sainteté de Dieu, qu'au moins l'homme naquît avec une connoissance distincte de ses devoirs & un penchant naturel à les remplir ? Ne devoit-il pas au moins avoir une liberté d'équilibre entre le bien & le mal ? Si après cela il en eût abusé , on auroit raison de dire que c'est sa faute , & son Auteur seroit pleinement justifié. Mais nous naissons sans connoissances , nous ne les acquérons qu'avec peine , nous ne parvenons guères à celles qui nous seroient le plus nécessaires ; personne n'admet plus les idées innées , élémens de toutes nos connoissances ; elles ne nous viennent que par les sens , source si défectueuse , dont on a dit tant de mal , mais source à laquelle elles nous ramenent nécessairement , & font par-la naître tous les penchants qui nous attachent à la matiere , & nous détournent de notre derniere fin.

Cette objection que je crois accablante pour tous les Philosophes qui rejettent les lumieres de la foi , ou qui comme *Pope* , & l'Auteur des *Mœurs* , veulent sans elle éclaircir cette question , & en couper le nœud , peut se tourner en preuve de la foi même qu'on prétend attaquer. Au lieu donc de l'éluder , je la fortifie encore , & m'adressant à l'Auteur des *Mœurs* , je raisonne ainsi contre lui. Les passions s'éveillent sans l'aveu de la

raifon, & ne s'appaifent pas quand elle
le veut ; elles ont pour l'attaquer mille
armes auxquelles communément elle fuc-
combe ; elles font même quelquefois in-
vincibles : trois caracteres qui me paroiffent répugner au premier établiffement
d'un Etre fouverainement bon, & infiniment amateur de l'ordre. Les paffions
font des tendances d'amour vers un objet, ou de haine, & de fuite d'un autre ;
or, pour qu'elles fuffent dans l'ordre, il
faudroit que la raifon connût auparavant
l'objet, & les y appliquât ; il faudroit au
moins qu'elle pût du moindre figne les
manier. Leur force eft encore plus oppo-
fée à l'ordre ; c'eft une occafion de mérite, j'en conviens : mais pefons dans une
balance les biens & les maux qui en réfultent : je m'en rapporte à l'Auteur. Tous
les hommes ont des paffions, tous ont
une raifon ; or, prefque tous font méchans, donc le nombre des mérites eft
infiniment inférieur à celui des crimes.
Autre conféquence : donc les paffions
ont infiniment plus d'adreffe & de force
pour vaincre la raifon, qu'elle n'en a pour
fe défendre.

Mais, de l'aveu de l'Auteur, il y a

même des cas où la raison ne peut réfister aux paffions ; il eft vrai qu'il affure que c'eft toujours par fa faute. Sans entrer dans l'examen de cette propofition que je trouve trop générale, je foutiens encore que Dieu ne peut avoir fait à l'homme un préfent auffi funefte. Ce feroit l'avoir mis dans la prochaine difpofition d'agir contre la raifon, & par conféquent contre l'ordre, & contre lui-même. Il fuit donc, & que les paffions font trop fortes, & que la raifon eft trop foible ; donc il en faut revenir au Deftin aveugle, aux deux Principes de *Manès*, ou à l'Athéifme.

Mais un Chrétien fort de ce labyrinthe : il fçait que l'homme étoit forti des mains de Dieu, innocent, éclairé, & réglé, mais libre ; que par le mauvais ufage de la liberté il a corrompu lui-même fon tout, que les paffions auxquelles il a fait prendre le deffus l'ont confervé, que fa raifon eft demeurée efclave ; il fent le défordre, mais il en connoît l'Auteur ; ce ne peut être Dieu, c'eft donc lui-même. L'homme, en l'état qu'il eft, eft donc inexplicable fans les lumieres de la foi, comme l'a fi bien penfé *Pafcal*. Il eft donc impoffible d'être bon Apologifte de la bonté & de la juſtice de Dieu, ſans remonter au péché originel & le reconnoître.

Voici comme le Pere *Mallebranche* expoſe cette terrible métamorphoſe arrivée dans notre Nature.

» Dieu a fait les Anges & le premier
» Homme, ſages, juſtes & heureux même,
» Il leur a donné tout ce qui convient à
» la perfection de leur nature. Car Dieu
» eſt tel lui-même. Il eſt infiniment par-
» fait, & tout ce qu'il a fait par des vo-
» lontés particulieres, comme au com-
» mencement du Monde où il n'y avoit
» point de cauſes occaſionnelles, ni par
» conſéquent de loix générales, tout ce
» que Dieu créa alors étoit parfait en ſon
» genre. *Erant valdè bona*, dit l'Ecriture.
» Il n'y avoit alors ni corps monſtrueux,
» ni cours déréglés ; & quoique Dieu,
» comme tout-puiſſant, eût pu créer
» *Adam* borgne & boiteux, brutal & in-
» ſenſé, l'ordre immuable de ſes attri-
» buts, le conſeil de ſa volonté toute-
» puiſſante, ſa ſageſſe ſans laquelle il ne
» fait rien, ne lui permettoient pas de le
» vouloir. Les Anges & le premier Hom-
» me furent créés à l'image & à la reſſem-

« blance de Dieu. Comme ils ne pou-
» voient pas, avant que d'être, mériter
» la perfection & le bonheur, ce fut par
» pure mais sage bonté qu'ils furent créés
» heureux. Je dis heureux, autant qu'il
» convenoit à la perfection naturelle de
» leur être ; car Dieu n'agit jamais par
» *pure bonté*, en prenant absolument le
» mot de *pure bonté* sans rapport à ses au-
» tres attributs. Mais c'est dépendam-
» ment du rapport de la bonté de Dieu
» avec sa justice, qu'ils ont été créés avec
» une liberté parfaite, pour mériter le
» bonheur infini dont ils jouissent présen-
» tement. Quand Dieu créa le premier
» Homme, il unit son ame à son corps,
» mais il ne l'en rendit pas dépendant.
» L'ame en étoit la maîtresse, & le corps
» exécutoit ses ordres, & ne lui deman-
» doit même ses besoins qu'avec respect.
» Tout étoit chez lui dans une union &
» une subordination parfaite ; le moins
» noble soumis au plus noble. L'homme
» cependant, quoique maître de son at-
» tention, & sans distraction involontai-
» re, ne manquant de rien pour persévé-
» rer dans l'état heureux & parfait où
» Dieu l'avoit mis, en un mot parfaite-

» ment libre , tomba dans la défobéiffan-
» ce uniquement par fa faute. Le péché ,
» ou plutôt Dieu même à caufe & en pu-
» nition du péché , mit tout en défordre
» dans celui qui le commit : mais en cela
» il agit felon fa loi , & felon l'ordre im-
» muable de fes attributs, ainfi que je l'ai
» déjà prouvé. Les défauts de l'ouvrage
» de Dieu font les effets d'une conduite
» fans défauts ; de même que les change-
» mens fréquens qui arrivent dans l'Uni-
» vers , & qui fe contredifent , ne mar-
» quent nulle contradiction , nulle in-
» conftance dans la caufe : ce font au con-
» traire des marques de la conftance &
» de l'immutabilité , ce font les fuites des
» loix générales qu'a établies, & que fuit
» conftamment le Dieu immuable : loix
» dignes de la fageffe , & de l'immuta-
» bilité Divine , ainfi que je l'ai prouvé
» ailleurs. «

» L'Homme donc ayant défobéi à fon
» Souverain , à l'Etre infiniment parfait
» & tout-puiffant , Dieu à caufe de fa ré-
» volte l'affujettit à fon corps la plus vile
» & la plus impuiffante des fubftances ,
» rendue , en conféquence des loix géné-
» rales , capable de le corrompre & de

» l'accabler de misere. C'est par justice
» que la révolte de son corps a suivi sa
» désobéissance : mais en cela même pa-
» roît la bonté de Dieu , sa sagesse , son
» immutabilité. La bonté de Dieu paroît ;
» car au lieu de punir l'homme sans espé-
» rance de retour, au lieu de le faire mou-
» rir le jour même qu'il avoit mangé du
» fruit défendu , selon la menace qu'il lui
» en avoit faite, il lui laisse son corps; & ,
» sans changer les loix générales & très-
» sagement établies de l'union de l'ame
» & du corps, il le prive du pouvoir de
» lui commander en maître , & laisse au
» corps celui de l'intéresser dans ses be-
» soins , & de le maltraiter s'il les lui re-
» fuse. C'est par bonté que Dieu laisse à
» *Adam* son corps : c'est par justice qu'il
» est révolté ce corps , & qu'il est sou-
» vent un fâcheux maître. Mais , sans
» compter qu'un pécheur vivant n'est pas
» si malheureux qu'un pécheur mort dans
» son péché, la bonté de Dieu paroît même
» dans la révolte du corps. Car ce corps
» révolté par justice, est une victime que
» Dieu par sa bonté laisse à l'homme , afin
» qu'il la lui sacrifie, & qu'il la purifie lui-
» même, en souffrant avec la patience de
Jesus-

» Jesus-Chrift la peine de fon péché dont
» Dieu le punit par fon corps en confé-
» quence des loix naturelles. La révolte
» du corps eft juftice ; mais en même
» tems, felon le principal deffein du Créa-
» teur , & la gloire de la grace du Répa-
» rateur , cette révolte eft l'effet d'une
» juftice qui eft d'accord avec la bonté.
» Car la concupifcence , peine jufte du
» péché , fert au mérite de celui qui la
» combat, & qui en obtient, par le fe-
» cours du Sauveur , non-feulement dans
» le Ciel une pleine victoire , mais une
» récompenfe bien au-deffus de la béati-
» tude dont jouiffoit *Adam* avant fon pé-
» ché. La concupifcence, la révolte du
» corps, eft l'ame de tous nos maux &
» phifiques & moraux, parce que le corps
» & l'ame ont des intérêts tous diffé-
» rens ; & que le corps ne parle à l'ame ,
» il ne la follicite, il ne l'afflige que pour
» fa propre confervation , fans aucuns
» égards pour ce qui la regarde; *Caro con-*
» *cupivit adversùs fpiritum :* & par-là il la
» corrompt & la tue pour fe conferver
» lui-même. Mais ce n'eft point un mal
» fans reméde, c'eft un mal dû par jufti-

» ce, mais un mal dont la bonté & la sa-
» gesse de Dieu tirent un grand bien ; car
» où le mal abonde, la grace, le bienfait,
» la récompense même surabondent en
» ceux qui y coopérent avec cette grace
» surabondante. « *Mallebranche. Obser-*
vation sur la prémotion. N°. 21.

Mais que le mal abonde, c'est ce qu'on ne peut nier, pour peu qu'on consulte l'expérience, la raison, & son propre cœur. Quoique *Pope* prétende que tout est bien, voici cependant la peinture qu'il fait de notre état, & des droits qui restent à la raison. On ne l'accusera pas comme *Pascal*, d'être un Philosophe bilieux qui voit tout en mal, un ennemi de la Nature humaine qui cherche à la dégrader,

Pope.
Epit. 2.
P. 22.

Orgueilleuse raison, tu soutiens mal tes droits,
Foible Reine, crois-tu nous prescrire des loix ?
A quelque favori toujours abandonnée,
Tu lui laisses le soin de notre destinée.
A quoi donc se réduit ton pouvoir si vanté ?
De tes dures leçons quelle est l'utilité ?
Tu veux que du plaisir nous redoutions les char-
  mes !

Mais pour en triompher nous donnes-tu des
    armes ?
Ta voix fur nos défauts nous force à réfléchir :
Mais que peut ton fecours pour nous en affran-
    chir !
De reproches amers en vain tu nous accables,
Sans nous rendre meilleurs, tu nous rends mifé-
    rables.
Le flambeau qu'à nos yeux tu viens fans ceffe
    offrir,
Sert à nous tourmenter, non à nous fecourir.
Tu fçais juftifier nos différens caprices,
Et du nom de vertus tu décores nos vices.
Tu fais dans notre cœur, par le foin que tu prends,
A de foibles défauts fuccéder de plus grands.
C'eft ainfi qu'aux humeurs faifant changer de
    route,
L'art à des maux légers fait fuccéder la goutte,
Et que le Médecin fier de ce changement,
Croyant nous foulager, accroît notre tour-
    ment.
Cédons, conformons-nous aux loix de la Na-
    ture ;
La route qu'elle trouve eft toujours la plus fûre.

Ce feul texte de *Pope*, qui renferme un

aveu si formel du désordre de notre constitution présente, suffiroit pour renverser
tout l'édifice qu'il a voulu élever par les
seules lumieres de cette raison qu'il nous
peint lui-même comme si méprisable. Je
pourrois en presser les conséquences, si
elles ne se faisoient sentir d'elles-mêmes, &
que ce que j'ai dit à l'Auteur des *Mœurs*
ne s'appliquât pas tout naturellement à
celui-ci. Il est donc certain qu'en étudiant les dispositions des hommes, on en
concluëroit avec autant de vraisemblance
qu'ils deviendroient la plûpart mauvais,
que l'expérience qu'on a de la malice qui
regne de fait parmi eux, fait conclure
avec vérité qu'il faut qu'ils y ayent une
disposition bien forte. Il est donc encore
vrai qu'il n'y a que l'hypothese du péché
originel qui puisse expliquer cette énigme,
& que ce mistere même qu'on attaque,
se tourne en preuve de la Religion qui
nous en instruit. *Pascal* a donné une mer-
veilleuse force à ce raisonnement. Le Pere
Mallebranche le trouve si frappant, qu'il
se contente de le proposer comme une des
meilleures solutions qu'on pouvoit donner aux difficultés de *Bayle*. Voici comme
il s'exprime N°. 22.

J'avertis feulement que , rapportant fes paroles , je ne prétends point adopter la doctrine qu'elles renferment.; perfonne ne raifonne plus conféquemment à fes principes, que ce Philofophe, & j'ai déjà affez fait voir qu'il en établit plufieurs que je rejette. Mais je veux tirer deux avantages de fes textes : le premier, de faire voir qu'il faut bien que les contradictions qu'on fuppofe entre les mifteres dont il eft queftion , & la raifon , ne foient pas fi évidentes, puifqu'elles échappent aux génies les plus perçants, qui ont le plus médité cette matiere ; le fecond , de faire voir une liaifon dans les deffeins de Dieu , plus marquée même fur les points qu'on reproche à fa providence d'avoir négligés , que fur tant d'autres où l'on ne trouve qu'à louer fa fageffe. Je fuppofe d'ailleurs qu'on trouvera avec plaifir raffemblé ici le fond de ce qui s'eft dit de plus raifonné fur ces importantes queftions.

.. Dieu a créé l'homme parfait & fans
.. aucun défaut, libre pour mériter par
.. fon obéiffance & fa reconnoiffance les
.. bienfaits de fon Créateur. Dieu a prévu

» la chûte de l'homme & toutes les suites
» du péché. Or, il a pu, sans même bles-
» ser sa liberté, l'empêcher de tomber ;
» cependant il ne l'a pas voulu. Cela, dit-
» on, ne peut s'accorder avec la sagesse,
» la justice, la bonté de Dieu, avec l'idée
» que l'on a naturellement de la Divi-
» nité. «

» Car 1°. faire un ouvrage que l'on
» prévoit devoir aussi-tôt se corrompre,
» est contraire à la sagesse. 2°. Pouvoir
» l'empêcher de se corrompre, & ne le
» pas faire, est contraire à la bonté.
» 3°. Faire une infinité de malheureux à
» cause d'un péché commis six mille ans
» avant qu'ils fussent nés, c'est une terri-
» ble injustice. Voilà l'objection. Je la ré-
» pete, afin qu'on en sente la force ; car
» plus l'objection paroît forte, plus sera
» certaine & croyable la vérité de la Reli-
» gion, comme j'espere de le faire voir. »

» La Nature est corrompue, l'homme
» n'est point tel que Dieu l'a créé d'a-
» bord. Ce fait est certain, & par la foi,
» & par la raison. Par la foi, car le péché
» originel en est un dogme fondamental.
» Le fait est évident par la raison : aban-

» donner le plus noble au moins noble ;
» rendre l'ame dépendante du corps !
» Dieu aimant ses perfections, il ne peut
» pas aimer & estimer davantage ses êtres
» qui y participent le moins. Un Dieu jus-
» te ne peut pas vouloir punir un inno-
» cent, un enfant qui n'a fait aucun usage
» de sa liberté. Un Dieu bon & juste ne
» peut pas vouloir faire des malheureux.
» En un mot , l'objection suppose la
» croyance de ce fait pour la combattre.
» Voici donc l'objection. «

» Faire un ouvrage qu'on prévoit de-
» voir aussi-tôt se corrompre, est contrai-
» re à la sagesse de l'Ouvrier. Je distin-
» gue : si cet ouvrage est un moyen pro-
» pre pour réussir dans un ouvrage plus
» excellent, & en même tems parfaite-
» ment conforme à la sagesse & aux qua-
» lités de l'Ouvrier, je le nie. «

» Tout ce qu'on peut conclure , mais
» aussi ce qu'on doit nécessairement con-
» clure, de la permission du péché d'*A-*
» *dam*, c'est que le premier & le prin-
» cipal dessein de Dieu n'étoit pas son
» ouvrage tel qu'il étoit dans sa premiere
» constitution ; mais que Dieu en avoit en

» vûe un autre plus parfait, & véritable-
» ment digne de fa fageffe & de fes autres
» attributs. Ainfi la foi dénoue la diffi-
» culté, & l'objection fe tourne en preu-
» ve de la vérité de la Religion. Car la Re-
» ligion Chrétienne fuppofe l'Incarnation
» du Verbe. «

Fin du premier Volume.

9 782329 401591